RUND UM USEDOM

Kerstin Wuchenauer / Henrik Jeep

RUND UM USEDOM

Wanderungen auf der pommerschen Insel

SCHELZKY & JEEP BERLIN

Umschlagfoto: Seebrücke in Ahlbeck
Redaktionsschluß: 15.4.92

Wir danken dem Amt für Tourismus in Wolgast für die freundliche Hilfestellung, besonders für die Durchsicht und Korrektur der Wandervorschläge und die Aktualisierung der Unterkunfts- und Verpflegungsangebote auf Usedom.

CIP-Einheitsaufnahme der Deutschen Bibliothek

Wuchenauer, Kerstin:
Rund um Usedom : Wanderungen auf der pommerschen Insel /
Kerstin Wuchenauer ; Henrik Jeep. - Erstausg., 1. Aufl. -
Berlin : Schelzky und Jeep, 1992
ISBN 3-923024-51-7
NE: Jeep, Henrik:

Erstausgabe
1. Auflage 1992

Umschlag: Ulrike Eckel, Berlin
Umschlaglitho: Hans Herr, Gemünden
Farblithos: Sakai Lithocolor, Hongkong
Herstellung: Oktoberdruck, Berlin
Lektorat: Brigitte Heeg, Berlin
Kartographie: Utz Gennermann, Berlin
Fotos: Henrik Jeep

Printed in Germany
ISBN 3-923024-51-7

INHALTSVERZEICHNIS

EINLEITUNG

Im äußersten Nordosten Deutschlands, im Windschatten ihrer größeren Schwester Rügen, liegt die bizarr geformte Insel Usedom. Ihren Namen verdankt sie einem unglücklichen Zufall. Die Sage jedenfalls berichtet, es hätte da einst eine Zusammenkunft aller Inselbewohner gegeben, die ihr bis dahin namenloses Eiland nach dem ersten Wort benennen wollten, das in der Runde gesprochen würde. Als es nach einer Stunde schweigenden Wartens einer nicht mehr aushielt und ausrief: »Oh, so dumm, daß uns kein Name einfällt«, war das entscheidende Wort gefallen: »Osodumm« hieß die Insel fortan, woraus im Lauf der Zeit »Usedom« wurde.

Schon zur Kaiserzeit galt die Ostseeküste Deutschlands als ein ausgesprochen beliebtes Reiseziel. Speziell der Berliner, der in die »Sommerfrische« fuhr, tummelte sich gern in der »Berliner Badewanne«, wie Usedom schon damals genannt wurde.

Im Westen nach der Teilung Deutschlands ziemlich in Vergessenheit geraten, hat Usedom nach wie vor alle Reize einer Ostseebadeinsel aufzuweisen: kilometerlange weiße Sandstrände, altehrwürdige Seebäder mit immer noch prächtigen Villen und langen Promenaden zum Flanieren, ausgedehnte Wälder mit altem Baumbestand. Die Wasserqualität ist – wie selbst der ADAC neuerdings bescheinigt – gut. Auch die klassische Strandkorbkultur lebt noch auf Usedom, jedoch ist Windschutz hier im Verhältnis kleingeschrieben: Die Insel hat das mildeste deutsche Seeklima. Flache Strände und zahlreiche, zu DDR-Zeiten angelegte Kinderspielplätze an den Promenaden machen die Insel zudem sehr familienfreundlich.

Hauptanziehungspunkte für Urlauber sind seit jeher natürlich die Seebäder, insbesondere im Norden das Ostseebad Zinnowitz und im Süden die »drei Schwestern« Bansin, Heringsdorf und Ahlbeck.

Geprägt von einer eigenen Bauweise, der Seebäderarchitektur, bietet die ostdeutsche Bäderküste Attraktionen zuhauf: klassizistische Villen, großzügige Logierhäuser, kleine Pensionen, weitläufige Hotels. Die touristische Infrastruktur ist gut ausgebaut, auch wenn heute der Anschluß an westliche Standards da und dort noch nicht erreicht ist.

Zu jeder Jahreszeit bietet die Insel ihren Gästen etwas besonderes: im Frühjahr eine überraschende Blütenpracht und unüberhörbares Vogelgezwitscher, im Sommer lange, warme Tage mit dem typischen wolkenbetupften Himmel, im Herbst die ungewöhnlich langanhaltenden Farbenspiele der weithin rot leuchtenden Buchenwälder, im Winter die vom Packeis umklammerte Küste und vom Ostwind herbeigetriebene Schneeflocken.

Auf Usedom erlebt man Natur pur. Wer die milde Küste der Ostsee genügend genossen hat, kann dann auf Wanderungen an den schilfbewachsenen Ufern des Achterwassers die ruhige und beschauliche Seite der Insel kennenlernen. Hier öffnen sich weite Blicke auf die sanft geschwungene Landschaft, hier sieht man die Raubvögel majestätisch kreisen, hier wiegt der Wind in den Bäumen. Unterwegs trifft man auf abgelegene kleine Dörfer mit mittelalterlichen Kirchen, hingeduckten Reethäusern und liebevoll gepflegten Gärten.

Überhaupt das Hinterland: Neben den erholsamen Auflügen und Wanderungen bietet sich auch Gelegenheit zu sportlichen Aktivitäten – das Achterwasser ist der rechte Ort für Paddler, Segler und Surfer.

Von Wolgast-Fähre bzw. Peenemünde im Norden bis nach Ahlbeck im Süden tuckert die Inselbahn gemächlich von einem Ort zum anderen und hält an nahezu allen für den Urlauber interessanten Stellen. So ist es auch ohne Auto gut möglich, die Insel zu erfahren. Radler finden in den Ostseebädern inzwischen zahlreiche Fahrradverleihe.

Unser Buch soll Ihnen behilflich sein, dieses Kleinod der deutschen Ostseeküste mit seinen bekannten Sehenswürdigkeiten und verborgenen Schönheiten zu erkunden. Wir haben jedem Kapitel eine Kurzübersicht mit Sehenswertem, Hotels, Gaststätten und anderen touristisch interessanten Informationen vorangestellt. Ausführlicher beschreiben wir die Seebäder und ihre Entstehungsgeschichte, Dörfer und Regionen, Bauten sowie Naturschönheiten. Dargestellt wird auch das Zentrum der militärischen Raketenentwicklung Peenemünde, das zugleich Ausgangsort der modernen Weltraumfahrt war.

Besonderes Augenmerk freilich haben wir auf die detaillierte Beschreibung von Wanderungen und Ausflügen gelegt, auf denen Sie die Insel näher kennenlernen können. Gewürzt haben wir dieses Buch mit lustigen, interessanten und beziehungsreichen Sagen und Geschichten aus jenem Teil Pommerns.

Die Autoren

ANREISE

Wie gelangt man mit dem Auto nach Usedom?

Ab Berlin: Für den Berliner ist wahrscheinlich der schwierigste Part am Beginn der Reise zu bewerkstelligen: Er muß die Stadt erst einmal verlassen. Vom Westteil der Stadt aus fährt er am besten über den Stadtring (A 111) und den Autobahnzubringer Tegel Richtung Hamburg. Am Berliner Ring lenkt er nach Osten Richtung Frankfurt/Oder bis zum Autobahndreieck Schwanebeck, und fährt auf der A 11 weiter nach Prenzlau. Der Ostberliner fährt günstiger über den Autobahnzubringer Pankow und von dort auf dem Berliner Ring zum Autobahndreieck Schwanebeck, und dort auf die A 11 nach Prenzlau, oder er nimmt die B 2 über Weißensee und Schwanebeck zum Berliner Ring, wo Richtung Frankfurt/Oder schon nach wenigen hundert Metern das Autobahndreieck Schwanebeck auftaucht.

Die A 11 führt durch viel Wald, vorbei an etlichen Seen bis zur Ausfahrt Prenzlau (ca. 90 km). Hier verläßt man die Autobahn und nimmt die B 198 bis Prenzlau (14 km). In diesem uckermärkischen Städtchen folgt man der Ausschilderung nach Pasewalk/Anklam und kommt auf die B 109, die parallel zur Uecker an Pasewalk vorbei nach Anklam führt (75 km). Hier der Ausschilderung nach Wolgast/Usedom folgen. Man überquert die Peene auf der längsten Brücke Vorpommerns: Man kann das Ende nicht sehen.

Kurz hinter Anklam hat man die Wahl: Will man in den Süden der Insel, nach Bansin, Heringsdorf oder Ahlbeck, so biegt man nach rechts auf die B 110 ab und gelangt über Murchin und Pinnow zum Peenestrom, wo man über die Hubbrücke zur Inselhauptstadt Usedom und weiter auf der B 110 über Zirchow an die Küste fährt.

Wählt man ein Ziel im Norden Usedoms, dann empfiehlt sich die Weiterfahrt auf der B 109 bis Brüssow, wo man rechts auf die B 111 nach Wolgast abbiegt. Man fährt durch das Städtchen, überquert auf der kleinen Hubbrücke den Peenestrom und und hat es nun nicht mehr weit bis Zinnowitz.

Ab Norddeutschland: Trotz der relativ geringen Entfernung gestaltet sich die Anreise von Norddeutschland aus recht beschwerlich: Man hat besonders lange Freude an den vielleicht ungewohnten Landstraßen der ehemaligen DDR. Andererseits macht die Fahrt durch die schöne mecklenburgische Landschaft die Anreise schon zu einem Urlaubserlebnis.

Eine Route führt über die B 105 nach Wismar und Rostock und weiter auf der B 110 nach Demmin und Jarmen. In Jarmen bleibt man entweder auf der B 110 und gelangt nach Anklam und weiter in den Südteil Usedoms, oder man zweigt ab auf die B 96 Richtung Greifswald und biegt anschließend rechts ab auf die B 111 nach Wolgast in den Nordteil der Insel. Dies ist sicherlich die kürzeste Verbindung, die Sie durch eine Vielzahl von interessanten Städten mit allerdings zeitintensiven Ortsdurchfahrten führt.

Als längere, aber wahrscheinlich schnellere Alternative bietet sich die Route über die A 24 Hamburg-Berlin an. Am Abzweig Schwerin biegt man ab auf die A 241 und fährt bis zur Ausfahrt Rampe. Dort führt die B 104 über Güstrow, Teterow und Malchin bis zur Reuterstadt Stavenhagen, wo man die B 194 nach Demmin nimmt und dort auf die B 110 nach Jarmen einbiegt. Von Jarmen aus fährt man entweder die B 96 Richtung Greifswald und anschließend rechts auf der B 111 über Wolgast in den Nordteil der Insel oder über die B 110 nach Anklam und weiter in den Südteil Usedoms.

Ab Westdeutschland: Westdeutschen Besuchern empfehlen wir die Anreise über die A 2 Ruhrgebiet/Hannover/Berlin. Diese wichtige Ost-West-Verbindung ist zwar häufig überfüllt und zur Zeit (1991) mit einer Vielzahl von Baustellen ausgestattet, stellt jedoch immer noch die schnellste Verbindung für Ziele in Nordostdeutschland dar. Sie fahren die A 2 bis zum BAB-Dreieck Werder und biegen dort auf die A 100 Berliner Ring Richtung Hamburg/Rostock ab. Am Dreieck Havelland folgen Sie dem Berliner Ring nun in Richtung Frankfurt/Oder und gelangen nach einigen Kilometern Fahrt durch das nördliche Weichbild Berlins bis zum Autobahndreieck Schwanebeck, wo Sie die A 11 Richtung Prenzlau wählen. Hier weiter wie ab Berlin beschrieben.

Ab Süddeutschland: Von Süddeutschland aus empfehlen wir den Weg über Berlin/Berliner Ring. Wenn Sie die A 7 über Hof und Leipzig Richtung Berlin wählen, gelangen Sie am Dreieck Potsdam auf den Berliner Ring A 100. Ab hier fahren Sie Richtung Hamburg/Rostock, passieren das Dreieck Werder und fahren weiter wie ab Westdeutschland beschrieben.

Wollen Sie über Kassel/Göttingen nach Berlin fahren, so gelangen Sie in Braunschweig auf die A 2 nach Berlin, und können sich den Empfehlungen ab Westdeutschland anschließen.

Ab Ostdeutschland: Aus den südlichen Bezirken der ehemaligen DDR führt der Weg obligatorisch über Berlin, wobei sich je nach Ausgangspunkt die

Frage stellt, ob man Berlin auf dem Ostteil oder dem Westabschnitt des Berliner Rings umfährt. Ansonsten wie ab Berlin.
Die Entfernung von Berlin-Mitte nach Usedom beträgt ca. 200 km. Ein Teil der Strecke ist mit Kopfsteinpflaster belegt, so daß Sie eine Gesamtfahrzeit von 3 bis 4 Std. einplanen sollten.

Wie gelangt man mit der Eisenbahn nach Usedom?

Auch in Bezug auf öffentliche Verkehrsmittel haben die Ostdeutschen und hier besonders die Berliner einen natürlichen Vorsprung auf dem Weg nach Usedom. Die Reichsbahn verkehrt recht günstig auf einer ihrer Hauptstrecken von Berlin nach Stralsund. Umsteigen müssen Sie in Züssow, von wo Sie den Eilzug nach Wolgast-Hafen nehmen. In Wolgast bleibt Ihnen ein kurzer Fußweg vom Festlandsbahnhof (hier auch Taxistand) über die Brücke über den Peenestrom nicht erspart, denn die Inselbahn Usedom verkehrt nur auf der Insel ohne Anschluß an das Hauptnetz der Reichsbahn. Diese Bahn verkehrt ca. 8 mal täglich. Die Strecke verläuft parallel zur Küste und hat Haltepunkte in allen größeren Orten. Dieses gemütliche Verkehrsmittel empfiehlt sich übrigens auch bei Ausflügen oder Wanderungen auf Usedom.

Mit dem Bus nach Usedom

Ab Berlin verkehrt drei Mal wöchentlich ein Reisebus in die Seebäder Ahlbeck, Heringsdorf und Bansin. Abfahrtsort ist der Hauptbahnhof, erreichbar mit der S-Bahn/Stadtbahn. Die Fahrzeit bis zur Insel beträgt ca. 4 Stunden.

Sonnabends verkehrt ein Linienbus ab dem Zentralen Omnibusbahnhof (ZOB), Masurenallee/Ecke Messedamm, zu ereichen mit der U 1, U-Bhf. Kaiserdamm. Der Bus fährt über Anklam nach Ahlbeck, Heringsdorf, Bansin, Ückeritz, Koserow und Zinnowitz, der Fahrpreis für die Hin- und Rückfahrt beträgt DM 80,-.

Nach Usedom fliegen?

Mit dem Sommerflugplan 1992 hat seit neuestem die Germania-Fluggesellschaft den Linienbetrieb nach Usedom aufgenommen. Ab Berlin-Tegel startet außer mittwochs täglich um 19.30 Uhr eine Maschine nach Heringsdorf-Garz. Rückflug von dort um 20.30 Uhr. Die Flugzeit beträgt etwa 1/2 Stunde, Flugpreis hin und zurück DM 195,- einfach DM 95,-.

KLEINE GESCHICHTE DER SEEBÄDER

DAS MEER

Das Meer, die offene See, hat immer schon die Menschen fasziniert. Dem Element, dessen Urgewalt für die Menschheit nie so recht kalkulierbar war – und es übrigens bis heute nicht ist –, trat man schon immer mit einer gehörigen Portion Respekt gegenüber. Und wo nicht, da wurde solch hoffärtiges Handeln prompt bestraft. Der Perserkönig Xerxes ließ einst an den Dardanellen das Meer auspeitschen, als Bestrafung für die Zerstörung einer Pontonbrücke durch einen Sturm. Dieser Übermut wurde ihm mit dem Verlust seiner Flotte in der Seeschlacht bei Salamis entgolten – so jedenfalls die Sage. Die alten Griechen nannten das Schwarze Meer Pontos Euxinos, was übersetzt soviel wie »wohlmeinendes Meer« bedeutet. Dieser klassische Fall eines Euphemismus war der damals wie heute untaugliche Versuch, die unheimlichen, zerstörerischen Kräfte durch freundlich stimmende Namensgebung wenn nicht zu bändigen, so doch zu besänftigen.

Wie viele Seefahrergeschichten – nicht nur aus dem Altertum – ranken sich um unheimliche Begegnungen, gefährliche Untiefen, reißende Strömungen und tosende Winde? Auch auf Usedom haben zahlreiche Sagen und Geschichten den Kampf mit dem nassen Element zum Mittelpunkt.

Vom Ende des 17. bis zur Mitte des 18. Jahrhunderts wird der Blick auf die Meeresküsten von einer klassischen Lehre geprägt, die trotz ihrer scheinbaren Ordnung auf einer oft wirren Vermengung der jüdisch-christlichen Tradition, der hellenistischen Philosophie und der lateinischen Literatur beruht. Im großen und ganzen dominieren zwei Haltungen: die Furcht vor dem Meer und der Abscheu vor dem Aufenthalt am Ufer (Corbin, 79).

Die Zeit zwischen 1750 und 1840, so Corbin, erlebt das Erwachen einer neuen Sichtweise, eines kollektiven Verlangens nach der Küste. Jetzt weicht das Nichtbeachten, die Angst, die Verachtung der Küste, der Trennlinie zwischen dem sicheren Land und der unheimlichen See, einer naturorientierten Betrachtung des Meeres, die vor allem durch medizinische Argumente gestützt und befördert wird. So kursieren innerhalb der therapeutischen Zunft immer häufiger Empfehlungen, die natürliche Heilkraft des (Salz-) Wassers bei den verschiedensten Indikationen einzusetzen.

SEEBÄDER

Insbesondere in England, doch bald auch auf dem Kontinent, wird die »Kur« am salzigen Meer zu einer Modeerscheinung der herrschenden Klasse. Orte wie Brighton oder Scarborough werden noch im 18. Jahrhundert zum Mekka der neuen Gesundheitsbewegung. Denn nicht nur die Anwendung des Meerwasserbades, sondern auch die besonders sauerstoffreiche Meeresluft und das Reizklima an der See gelten jetzt als Indikationen gegen damals grassierende Krankheiten wie etwa die Tuberkulose. Daß diese neuen Erkenntnisse der Medizin im Zeitalter der Romantik auf ein sehr ausgeprägtes Interesse an der Natur stoßen, verstärkt diesen Prozeß der Hinwendung an die Küsten.

In einer Zeit der rasant zunehmenden Industrialisierung und Urbanisierung leisten die medizinisch-praktische wie auch die romantisch-ideologische Hinwendung zum Meer und seinen Gestaden die notwendige Kompensation. Die »Erfindung« des Strandes muß in diesem Zusammenhang als die Initialbewegung angesehen werden, die der Idee zum Durchbruch verhilft. In kurzer Zeit entwickeln sich die Seebäder vornehmlich an der englischen Südküste zu mondänen Urlaubsrefugien der Oberklasse, mit allen Annehmlichkeiten, die diese Klientel zu konsumieren gewohnt ist, und auch mit allen Besonderheiten des gesellschaftlichen Umgangs. Müßiggang und Repräsentation, heiratsfähige Damen und fesche Marineoffiziere, alter Adel und neue Reiche prägen immer mehr das Bild des klassischen Kuraufenthaltes.

Ausgehend von England, der am frühesten industrialisierten Nation, verbreitet sich diese Mode rasch auf dem Kontinent. In Deutschland wird, angeregt durch *G. CHR. LICHTENBERG*, den wachsenden Bedürfnissen nach dem gesunden, heilsamen Badeaufenthalt 1793 mit der Gründung des Ostseebades **Heiligendamm**, einem Vorort von **Bad Doberan**, im Herzogtum Mecklenburg-Schwerin Rechnung getragen. Vorausgegangen war ein ausgedehnter Streit der wissenschaftlichen Kapazitäten um die jeweiligen Vorzüge der Ostsee oder der Nordsee für eine medizinisch wirksame Badekur. Den Ausschlag für die Ostsee gab das Votum des fürstlichen Leibarztes *SAMUEL GOTTLIEB VOGEL*, der auch der erste Kurdirektor in Bad Doberan wurde.

Ganz nach dem Vorbild der englischen Seebäder werden hier ein Badehaus und ein später wieder abgerissener Salon errichtet, dem bald ein repräsentatives Kurhaus folgt. Die großzügige Promenade wie auch die kulturellen Einrichtungen (Bibliothek, Theater) gehören zum typischen Erscheinungsbild eines Kurorts der damaligen Zeit. Tanztees und Bälle, tägliche Kurkonzerte und das Promenieren am Strand zählen zu den gesellschaftlichen Ereignissen der Badesaison. Für die 240 eingetragenen Badegäste des Jahres 1821 war wohl vorzüglich gesorgt.

In schneller Folge entstehen nun, insbesondere an der Ostseeküste, weitere Seebäder. Travemünde in der Nähe Lübecks wird im Jahre 1802 als Seebad gegründet, wie auch Kolberg in Pommern auf Betreiben des preußischen Königs *FRIEDRICH WILHELM III.* Bis 1822 reihen sich an der milden Ostseeküste mit ihren langen Sandstränden die Neugründungen wie Perlen auf einer Schnur, von Kiel bis zum legendären Zoppot bei Danzig. Daß die Entwicklung an der Nordsee langsamer verläuft, hat nicht nur mit der oben erwähnten prinzipiellen Entscheidung gegen das erheblich rauhere Klima und die niedrigeren Wassertemperaturen zu tun, sondern ist sicherlich auch auf strukturelle Gründe zurückzuführen. Vergleichbar ausgedehnte Strände finden sich dort nur auf den vorgelagerten Inseln, deren Erschließung mit höherem Aufwand verbunden ist.

1824 wird die erste offizielle Badesaison auf Usedom in **Swinemünde**, unweit von Stettin, eröffnet. Unter nicht unwesentlicher Einflußnahme des Königs von Preußen entsteht hier ein für die damalige Zeit moderner Kurbetrieb mit allen notwendigen Einrichtungen. Bereits ein Jahr später folgt der Fischerort **Heringsdorf** diesem Beispiel. 1826 werden hier von Oberforstmeister von *BÜLOW* die erste Badeanstalt und drei dazugehörige Logierhäuser errichtet, die Grundlage für die spätere rasante Entwicklung zum mondänen Seebad ist gelegt. Vorerst dominiert jedoch Swinemünde dank des königlichen Einflusses. Dieser bestellt die Direktion des Seebades, gewährt großzügig Gelder und beteiligt sich an der luxuriösen Ausstattung des Gesellschaftshauses. Im Jahre 1827 werden bereits 2200 Badegäste in Swinemünde gezählt.

Nun ist es nur noch eine Frage der Zeit, wann der lange und breite Sandstrand Usedoms für die zunehmenden Bedürfnisse des Fremdenverkehrs erschlossen wird. **Zinnowitz** erhält 1851 die Erlaubnis, Badegäste aufzunehmen, 1852 folgt **Ahlbeck** als vierter Badeort der Insel. Hier sind die Anfänge allerdings bescheidener und die Entwicklung verläuft langsamer als im königlich und später kaiserlich gesponserten Swinemünde. Die ersten Badegäste müssen mit ausgesprochen anspruchslosen Unterkünften in den einfachen Häusern der Fischer vorliebnehmen. Hauptaugenmerk und notwendiger Investitionsschwerpunkt bleiben die Badeeinrichtungen, die von den Gemeinden eingerichtet werden müssen, um überhaupt die Genehmigung zur Aufnahme von Badegästen zu erhalten. So kann man sich den mehr als provisorischen Charakter der Badeanstalten lebhaft vorstellen, und man muß um so mehr die Badepioniere bewundern, die sich unter diesen Bedingungen ins Wasser wagen.

Eine Beschleunigung erfährt die Entwicklung des Seebädertourismus nach der Reichsgründung 1871. Jetzt beginnt sich auch das große Kapital für diesen Geschäftszweig zu interessieren. So fällt z.B. die Gründung der »Aktiengesellschaft Seebad Heringsdorf« durch den Berliner Bankier *DELBRÜCK* ins Jahr 1872. An der Usedomer Küste kommt es zu einem wahren Bauboom, zumal die neuen Verkehrsverbindungen zwischen der Reichshauptstadt und den Bädern überhaupt erst die Voraussetzung für einen mengenmäßigen Aufschwung des Seebädertourismus geschaffen haben. Der Bau der ersten Chausseen auf Usedom datiert auf die Jahre zwischen 1860 und 1870. Der Eisenbahnanschluß erfolgt im Jahre 1876, als von Ducherow bei Anklam eine Stichbahn über die Stadt Usedom nach Swinemünde gelegt wird. Diese führt quer durch den Südteil der Insel, berührt aber nicht die aufstrebenden Seebäder. Erst 1894 werden Ahlbeck und Heringsdorf mit einer weiteren Stichbahn vom nahen Swinemünde an das Eisenbahnnetz angebunden. Die Inselbahn bis zur Wolgaster Fähre wird gar erst 1911 errichtet, was den etwas eigenartigen Streckenverlauf zwischen Heringsdorf und Ahlbeck erklärt. So kann nun auch der Norden der Insel vom Aufschwung des Fremdenverkehrs profitieren. Bis dahin wurden Badegäste entweder mühsam per Kutsche oder seit 1900 über die Ostsee an die im gleichen Jahr entstandene Landungsbrücke nach Zinnowitz transportiert. Klassizistische Villen, luxuriöse Hotels und massenweise Pensionen schießen wie Pilze aus den Küstenwäldern. Ausflugslokale werden angelegt, zahlreiche Dienstleistungsbetriebe siedeln sich an, Saisonarbeitskräfte werden in großer Zahl angeworben, kurz: Die verschlafenen Fischer- und Bauernorte auf der Insel wandeln sich in kurzer Zeit zu Zentren der Tourismusindustrie. Bis zum 1. Weltkrieg steigen die Besucherzahlen von Jahr zu Jahr an. So weisen zwischen 1905 und 1911 z.B. Zinnowitz und Karlshagen jeweils 50%ige Steigerungsraten auf, Bansin verzeichnet in diesem Zeitraum einen 80%igen Gästezuwachs, und Heringsdorf beherbergt bei 955 Einwohnern 1905 die immense Zahl von 16 800 Badegästen. Nach dieser Statistik zählt man in der Saison 1911 weit über 100 000 Besucher in allen Touristenorten Usedoms einschließlich Swinemünde.

Natürlich hat sich mit dem Einläuten des 20. Jahrhunderts und dem Anwachsen des Urlauberstromes die soziale Zusammensetzung der Besucher geändert. Waren vordem die ersten Badegäste der mondänen Seebäder in den Reihen des Adels, hoher Militärs und solventer Geschäftsleute zu

VILLA GRAZIELLA

suchen, so verschiebt sich später die Besucherstruktur in Richtung des sich ausweitenden höheren Mittelstandes. Professoren, Rechtsanwälte, Beamte, Architekten, Kaufleute oder Rentiers genießen die erholsame Atmosphäre der Seebäder. Die zunehmende Verbreitung des Gesundheitsgedankens im Bürgertum ist sicherlich auch daraus zu erklären, daß diese Schicht aus finanziellen Gründen keinen Gedanken an die mondänen Vergnügungen der alten und neuen Reichen in den eingeführten Bädern verschwenden konnte.

Daß in der Mehrzahl Berliner die Usedomer Strände frequentieren, geht aus der Bezeichnung »Berliner Badewanne«, die um die Jahrhundertwende kursierte, unzweideutig hervor.

DAS BADEN

Auch die Badegewohnheiten erfahren durchgreifende Änderungen. In den Anfängen steht die medizinische Motivation im Vordergrund. Entsprechend den damals herrschenden, ausgesprochen strengen puritanischen Sitten ist es undenkbar, daß Männlein und Weiblein gemeinsam oder in unziemlicher Nähe voneinander ins Wasser gehen. Sorgten ursprünglich geschlossene, hölzerne Badekutschen für die unverzichtbare Intimität der Gäste, so errichtet um die Jahrhundertwende jeder Badeort an seinem Strandabschnitt Badeanstalten. Hier sorgt man ebenfalls für eine strikte Trennung der Geschlechter. Der Strand besteht normalerweise aus fünf separaten Zonen. Die mittlere, einige hundert Meter breit, bleibt vollständig leer und dient nur der Schaffung eines angemessenen Abstandes zwischen dem Badebereich der Frauen und der Männer. Knaben ab dem fünften Lebensjahr dürfen ihre Mütter nicht begleiten, sondern müssen im Badestrand der Männer betreut werden. Die den Geschlechtern zugeordneten Zonen sind noch einmal nach sozialen Kriterien unterteilt:

»In der ersten tummeln sich Mitglieder der unteren Gesellschaftsschichten ohne Umkleidekabinen und ohne Badekutschen. Die zweite Strandzone ist den Reichen zugedacht: Sie verfügen über (...) gut ausgestattete Kabinen, über Badekutschen und über einen Weg aus Holzplanken, damit ihre zarten Füße vor Verletzungen bewahrt bleiben.« (Corbin 354).

Strikt verboten ist das Zurschaustellen jeglicher körperlicher Blößen. Ins Wasser geht man trotz Verwendung rundum geschlossener Badekutschen, die in den flachen Strand hinausgefahren werden, nur äußerst ziemlich gekleidet. Man stelle sich den Skandal vor, den die beiden Damen der folgenden Geschichte verursacht haben:

Geruhsam und konzentriert gingen die Badegäste Heringsdorfs dem Hauptzweck ihres Hierseins nach: die Badeanstalten am Strand waren wohlgefüllt. Viele Badekutschen standen im Wasser, die Kurgäste frönten der Gesundheit. Plötzlich, gegen Mittag, tauchten im Bereich des Herrenbades zwei junge Damen auf und ließen sich dort am Strand nieder. Ungezwungen bewegten sie sich im nur den Männern vorbehaltenen Bereich; als sie auch noch ein Fernglas zu Hilfe nahmen, um das herr–liche Badewesen einmal genauer unter die Lupe zu nehmen, war der Tatbestand des Skandals erfüllt. Die Staatsgewalt in Person des Ortspolizisten schritt ein und nahm die despektierlichen Personen fest. Auf der Polizeiwache, nach Feststellung der Personalien, wurde den Damen die Alternative aufgemacht: Entweder Arrest oder sofortige Rückreise – ins sündige Berlin, von wo sie herkamen.

Unter solch restriktiven Umständen ist auch von einer Gleichsetzung der Begriffe Baden und Schwimmen abzuraten. Der Badende läßt sich in der Badekutsche sitzend vom Strandmeister ins flache Wasser hinausschieben und gleitet dort ins Meer, in dem er sich, entsprechend der medizinischen Vorschrift, eine gewisse Dauer aufhält. Nach Ablauf dieser Zeit wird der Wagen wieder zurückgezogen und das erholsame Bad ist beendet. In einem Zeitalter, in dem die Unterhosen als »Unaussprechliche« bezeichnet werden, sollte dieser mehr als zurückhaltende Umgang mit der Körperlichkeit nicht weiter verwundern.

Im Laufe der Jahre lockerten sich die Sitten allerdings gewaltig. Immer

Nackt sind nur die Götter

mehr Besucher der minderwertigen Zone bevölkern den Strand, und mit ihnen wächst langsam die Gewöhnung an den Anblick vollständig bekleideter im flachen Wasser stehender Personen! Ganz Mutige trauen sich sogar zu Schwimmversuchen in der 'Brandung' der Ostsee.

Ein wirklicher Durchbruch in Richtung auf die allseits gefürchtete zügellose Promiskuität am Strand gelingt dann aber erst in den zwanziger Jahren mit der Aufhebung der Geschlechtertrennung angesichts der gleichmacherischen Kraft des Seewassers. Das Seebad Bansin erhielt 1923 als erstes Bad die begehrte »Freibadeerlaubnis«, ihm folgten schnell die anderen Seebäder. Die wilden Zwanziger machen also auch in Usedom Schluß mit der wilhelminischen Zucht und Ordnung – die Zügellosigkeit der Moderne bricht sich machtvoll Bahn.

DER TOURISMUS

Um die Jahrhundertwende werden auch die kleineren Orte an der Usedomer Küste vom modernen Tourismus erfaßt. Bansin wird 1897 Seebad. Die Namen Ückeritz, Kölpinsee, Koserow und Zempin tauchen immer häufiger in den Unterkunftsverzeichnissen auf, auch wenn sie, mit Ausnahme von Bansin, den prestigeheischenden Status des Seebades vorerst nicht erlangen. Später – mit verbesserter Verkehrslage – werden auch die kleinen Fischerorte Karlshagen und Trassenheide im Inselnorden für den Fremdenverkehr erschlossen, wenn auch nicht in dem Umfang wie die jetzt schon traditionellen Seebäder.

Dieser Ausbau des Tourismusangebots an der deutschen Ostseeküste ist nicht losgelöst von den gesellschaftlichen Umwälzungen zu betrachten, die gemeinhin mit dem Begriff »industrielle Revolution« bezeichnet werden. Die Durchsetzung der neuen Produktionsverhältnisse gebiert auch ein neues Verhältnis von Arbeit und Freizeit. Mit der zunehmenden Verdichtung der Arbeit, mit der gesellschaftlichen Organisation des rasch entstehenden industriellen Komplexes müssen klar geregelte Phasen der Erholung der notwendigen Reproduktion der Arbeitskraft dienen. Nun werden die Stätten, die der Adel zur Repräsentation und zum Müßiggang nutzte, einer neuen Klientel geöffnet. Wer es sich leisten kann, macht »Urlaub« in den mondänen Seebädern, was dieses neue Bedürfnis im Wortsinne adelt. Wer aus dem aufstrebenden Bürgertum es sich nicht leisten kann, hält Ausschau nach billigeren Angeboten – und so wird schnell zum gesellschaftlichen Bedürfnis, was bislang privilegierten Kreisen vorbehalten war. So erklärt sich, warum kaum

einer der jungen Badeorte mit der Nachfrage nach Erholungsmöglichkeiten Schritt halten kann: Mit der Durchsetzung des »Urlaubs« in immer weiteren Kreisen des Bürgertums werden die nach Kapazität und Preisklasse unterschiedlichsten Angebote gleichermaßen attraktiv. Bis allerdings auch der sprichwörtliche kleine Angestellte seinen nunmehr gesetzlich geregelten Urlaub am sanften Strand der Ostsee verbringen kann, soll noch einige Zeit ins Land gehen.

Der Boom des Seebädertourismus kennt in den ersten Jahren des neuen Jahrhunderts kaum Grenzen. Allenthalben wird die Ausweitung des Angebots betrieben, werden neue, immer größere touristische Einrichtungen erbaut, werden exklusive Unterkünfte errichtet und auch solche, die der mittelständischen Nachfrage entsprechen. Auf Usedom entsteht eine regelrechte Tourismusindustrie.

Während des 1. Weltkrieges und der nachfolgenden Zeit der Rezession und Inflation erfahren die Usedomer Seebäder einen herben Einbruch. Die Besucherzahlen gehen stark zurück. In den taumelnden zwanziger Jahren unseres Jahrhunderts wirkt allerdings die mondäne Gesellschaft wieder bis nach Usedom. Vergnügungspaläste mit gläsernen Tanzflächen, teure Damen und halb- bis seidene Herren genießen hier das luxuriöse Ambiente. Prominenz vornehmlich aus der Hauptstadt Berlin, Künstler und Literaten, Geldmenschen und Konzernherren stehen im gesellschaftlichen Mittelpunkt. Einer der prominentesten Gäste dieser Zeit war der russische Dichter

MAXIM GORKI, der den verlängerten Sommer 1922 zur Behandlung seines Lungenleidens in der Heringsdorfer »Villa Irmgard« verbrachte. Er überarbeitete hier seinen autobiographischen Roman »Unter fremden Menschen«. *THOMAS MANN* setzte im August 1924 seinen auf Hiddensee begonnenen Urlaub in Ahlbeck fort, wo er am »Zauberberg« arbeitete.

Nach der faschistischen Machtübernahme ist es nicht nur mit der überdrehten Herrlichkeit der Zwanziger zu Ende. Die verstärkte Aufrüstung des deutschen Militärs und die Einrichtung militärischer Anlagen auf Usedom bringt einen ganz anderen Typus von Besuchern auf die Insel: Uniformträger, waffenforschende Wissenschaftler und reitstiefeltragende Herrenmenschen prägen fortan den Charakter Usedoms. Zu Beginn der dreißiger Jahre erfährt die Infrastruktur der Insel einen gewaltigen Schub, allerdings mit einem anderen planerischen Hintergrund als dem der Entwicklung des Tourismus: Die beiden neuen Straßenbrücken bei Zecherin im Usedomer Winkel und bei Wolgast lassen ab sofort auch größere Transporte zu. Die Errichtung von Europas größter und damals modernster Eisenbahnhubbrücke bei Karnin ist ebenfalls unverzichtbare Voraussetzung für die großen Pläne des deutschen Rüstungsprogramms. Der Ausbau des Marinestützpunktes Swinemünde, ein Fliegerhorst bei Garz und Munitionsdepots in der Mellenthiner Heide gehören zu den eher konventionellen Militärprojekten. Die Einrichtung von ausgedehnten Versuchsanstalten des Heeres und der Luftwaffe bei **Peenemünde** im Nordteil der Insel läßt einige Jahre später Usedom zu trauriger Berühmtheit gelangen, als hier durch die Entwicklung der ersten Raketen mit Flüssigtreibstoff die Waffentechnik bis in die heutige Zeit revolutioniert wurde. Die Ausweisung eines umfangreichen Sperrgebietes im gesamten Inselnorden bis nach Zempin verträgt sich dann auch immer weniger mit dem Charme einer Badeinsel. 1937 findet in Zinnowitz die letzte »normale« Badesaison statt.

DDR-TOURISMUS

Nach Kriegsende wird der Wiederaufbau des Usedomer Tourismusangebots unter radikal veränderten Vorzeichen vorgenommen. Steht in den Jahren bis 1950 das Problem der Beschaffung von Unterkünften für die obdachlose Bevölkerung im Vordergrund, wofür man die zahlreichen Hotels, Pensionen und andere Fremdenunterkünfte nutzt, so denkt man mit der zunehmenden Stabilisierung der neugegründeten DDR

bald wieder an den Aufbau einer leistungsfähigen Erholungsinfrastruktur – nun zum Nutzen der Allgemeinheit. Die in den letzten Kriegstagen von der zurückweichenden Wehrmacht gesprengten Straßenbrücken zum Festland werden zwischen 1950 und 1957 wieder aufgebaut, eine Ferngasleitung von Wolgast nach Zinnowitz verlegt und eine Verbesserung der Straßenverhältnisse in Angriff genommen. Schon 1946 macht Zinnowitz trotz unbestreitbarer größter Schwierigkeiten einen Neuanfang mit dem Badebetrieb, und bereits 1950 ist mit 70 000 Erholungssuchenden auf Usedom der Vorkriegsstand von 1937 wieder erreicht. Planmäßig wird nun der Bädertourismus Marke DDR ausgebaut: Zentraler Organisator und Träger der überwiegenden Mehrzahl der Einrichtungen ist der Feriendienst des FDGB. Hinzu kommen zahlreiche Vertragshäuser des Reisebüros der DDR sowie etwa 400 Betriebsferienheime und 10 Campingplätze von z.T. beachtlichem Ausmaß. Was heute in einigen Publikationen als eine Art Verbrechen gegen das Menschenrecht am Privateigentum gehandelt wird, sollte man besser unter den Prämissen der Entwicklung eines sozialistischen Staates etwas emotionsloser betrachten: Die sogenannte »Aktion Rose« war eine umfassend angelegte Aktion der SED und des FDGB zur Enteignung der immer noch zahlreichen Privateigentümer von Hotels und Pensionen, die in großer Zahl unter Zurücklassung ihres heute wieder eingeforderten Eigentums gen Westen geflüchtet waren; ein Vergleich mit der etwas früher erfolgten Kollektivierung der DDR-Landwirtschaft läßt sich nicht von der Hand weisen. Der Auf-

und Ausbau des staatlichen Tourismuswesens sollte sich eben zentral gesteuert »im Dienste der Werktätigen« vollziehen, und dabei waren die Interessen privater Pensions- und Hotelbesitzer nicht nur aus prinzipiellen, sondern auch aus organisatorischen Gründen eher hinderlich. Das individuell verfügbare Geld sollte bei dem auch in der DDR als notwendig angesehenen Jahresurlaub für den Erholungssuchenden keine Rolle spielen. Daß bis in die letzten Jahre des dahingeschiedenen sozialistischen Staates allerdings Kapazitätsgründe – und damit letztlich doch wieder das liebe Geld – für Warteschlangen auch an den Schaltern der Reisebüros und den Versorgungseinrichtungen der Tourismusorte sorgten, ist den offensichtlich unaufhebbaren Widersprüchen der realsozialistischen Ökonomie zuzuschreiben.

USEDOM HEUTE

Heute sind zwar keine Warteschlangen mehr zu finden, die Ferieninsel hat jedoch unter den neuen Bedingungen mit anderen Schwierigkeiten zu kämpfen. Zwar ist im Jahre 1 der neuen Zeitrechnung der überaus starke Besucherrückgang gestoppt worden, doch sind strukturelle Probleme nicht zu übersehen. Wenn auch die Telekom um den Jahreswechsel 91/92 fast überall auf der Insel in Form von aufgerissenen Straßen und herumstehenden Kabeltrommeln präsent ist, so steht doch noch eine Vielzahl von Häusern leer, zum Verkauf oder im Umbau. Eine erkleckliche Anzahl von Betriebsferienheimen unterschiedlichster Größe warten, zusammen mit dem Mutterbetrieb, auf ihre Abwicklung durch die allseits geliebte Treuhand oder sind bereits ihres Trägers verlustig gegangen. Für diese Häuser werden investitionswillige Käufer gesucht, was allerdings in manchen Fällen aus einsichtigen Gründen schwierig werden dürfte. Ähnlich verhält es sich mit den zahlreichen Häusern des FeDi, des Feriendienstes des FDGB. Teilweise wie sauer Bier angeboten kommt es allerdings, wen sollte es verwundern, das eine oder andere Mal auch zu nicht ganz sauberen Transaktionen.

Das Hauptproblem liegt allerdings in der Orientierung des Tourismuskonzeptes der Insel auf die 'richtige' Klientel. Im Augenblick liegt das Preisniveau auf Usedom recht niedrig, wenn man von einigen Etablissements absieht, die sich bereits – berechtigt oder nicht – auf »westdeutsche« Preise eingependelt haben. Für Zimmer mit Etagendusche und -toilette sind 50 bis 60,- DM pro Nacht eigentlich schon relativ viel, für Tiefkühlkost aus der Mikrowelle mit der unvermeidlichen geschmacksneutralen Garnierung legt niemand mehr Geld als nötig auf den Tisch. Andererseits gibt es schon eine

Anzahl von alten oder auch neuen Einrichtungen, die in jeder Hinsicht empfehlenswerte Qualität bieten. Bemühungen, die neue, Vergleiche ziehende Urlauberklientel zufriedenzustellen, sind jedenfalls überall zu spüren.

Für das Gros seiner Besucher, Urlauber aus den neuen Bundesländern, die ja nun endlich frei nach Maßgabe ihres Geldbeutels reisen können, sind niedrige Preise allerdings notwendige Voraussetzung für die Attraktivität Usedoms. Solange allerdings das Dienstleistungsangebot auf dem vorhandenen Niveau verbleibt, sind die von den Tourismusplanern ersehnten Besucher aus Westdeutschland, die ja auch wiederkommen sollen, eine Fata Morgana. Verbessert man das Angebot, so steigen die Preise annähernd auf Westniveau, und die ostdeutschen Urlauber können genausogut in den bayerischen Wald oder an die Nordsee fahren. Ob allerdings der Verlust durch westdeutsche Besucher ausgeglichen werden kann, bezweifeln nicht nur Böswillige. Um diese Zwickmühle sind die Verantwortlichen und auch die kleinen Geschäfte der neu entstehenden Tourismusindustrie Usedoms nicht zu beneiden.

Vielleicht kommt es ja auch nur auf die richtige Mischung an; ob aber die unter den Bedingungen der Marktwirtschaft ohne größere Friktionen entstehen kann, bleibt die Frage. Eins kann man jedenfalls als gesichert ansehen: Wenn die Insel ihre Vorzüge – Natur, Erholung und Ruhe – richtig einsetzt, wird sie mit Sicherheit gegenüber ihrer großen Konkurrentin im Norden, Rügen, kaum ins Hintertreffen geraten. Das inzwischen schon verbreitete Schlagwort vom »sanften Tourismus« weist den richtigen Weg, die Attraktivität dieser wunderschönen Insel zu steigern und gleichzeitig ihren Bewohnern ein Auskommen unter den neuen Bedingungen zu sichern.

DIE ARCHITEKTUR

Jedem Besucher Usedoms fällt in den Seebädern sogleich die Vielzahl der Villen und repräsentativen Bauten ins Auge. Die Insel hat in dreißig Jahren realsozialistischer Urlaubsgestaltung ihr architektonisches Erbe bewahrt. Auch der in manchen Städten der ehemaligen DDR zu beklagende Verfall alter Bausubstanz ist hier nicht in diesem Ausmaß sichtbar. Sicherlich ist die überwiegende Mehrzahl der Häuser nicht in einem Zustand, der sie westlichen Ansprüchen genügen läßt. Sanitäre Anlagen, Komfort und Einrichtung entsprechen gewiß (noch) nicht nationalem oder gar internationalem Standard. Bei einem Urteil über die Usedomer Bauten sollte man allerdings bedenken, daß diese Häuser zum großen Teil aus der

Zeit um die Jahrhundertwende stammen und manchmal noch älter sind. Damals herrschten andere Ansprüche an Komfort und Ausstattung, zumal viele Bauten ausschließlich als Sommervillen konzipiert waren.

Der Usedomer Bauboom entwikkelte sich, wie oben beschrieben, ab den siebziger Jahren des vergangenen Jahrhunderts. In diesem Zeitraum wurde auch der typische Stil der Seebäderarchitektur herausgebildet, der auch in anderen Badeorten der deutschen Ostseeküste, dort allerdings nicht auf so breitem Raum und in solcher Variationsbreite, aufzufinden ist.

Vorherrschend in den Seebädern ist die Villa auf großzügigem Grundstück, die sich in Form und Bauweise an römische Vorbilder anlehnt. Klassizistische Elemente dominieren überall, doch auch der Jugendstil hat sich hier in manchen Bauten verewigt. Symmetrische Strukturen prägen die Bauweise der meist repräsentativen Villen. Insbesondere in Heringsdorf überraschen die Anzahl und die gestalterische Vielfalt der großen Häuser, auch in der zweiten oder dritten Reihe hinter der prächtigen Promenade. Man findet allenthalben phantasievolle Kompositionen: Wesentliche Elemente sind klassizistisch durchgegliederte Fassaden, variantenreiche Balkon-, Terrassen- und Verandakonstruktionen sowie vielfältige Dachaufbauten, Türmchen, Giebel und Erker.

Auffallend ist jedenfalls der Stil-Misch-Masch, der hier vorherrscht. Man mag es kaum glauben, aber manche Details erinnern sehr stark an schweizerische Gebirgsarchitektur, besonders häufig die Schmuckelemente an den hölzernen Dachgiebeln. Zuweilen werden Holzschindeln verwendet, und bei den Balkonverkleidungen werden oft typische Muster gebraucht. Das muß verwundern, hat aber eine einfache und, wie wir glauben, plausible Erklärung: In der Anfangszeit des deutschen Seebädertourismus' war die Schweiz das Synonym für Ferien, Urlaub, Erholung. Einige aufstrebende Urlaubsgebiete schmückten sich in der Frühzeit des touristischen Marketings gerne mit dem werbungsträchtigen Beinamen »Schweiz«, so z.B. die Mecklenburger Schweiz oder die Holsteinische Schweiz. Ferien = Schweiz, so hieß offensichtlich damals die Devise, und das hat sich auf Usedom bis in Details der Architektur niedergeschlagen. Anders läßt sich die Verwendung dieser Elemente nicht so recht erklären. Schweizer Baumeister waren unseres Wissens jedenfalls in Usedom nicht am Werk.

Die Seebäderarchitektur der deutschen Ostseeküste ist also ein Sammelsurium der verschiedensten Stilrichtungen: der gründerzeitliche Klassizismus mit deutlichen Jugendstilelementen geht hier eine zugegeben harmoni-

sche Synthese mit stilbildenden Elementen der Schweizer Alpenarchitektur ein. Es finden sich allerdings auch Bauten mit völlig freien Stilassoziationen, deren Einordnung man besser gar nicht erst versucht. Puristen wenden sich lieber gleich seewärts, aber wir normalen Menschen erfreuen uns an den ganz einfach schönen Häusern, die die weitläufigen Usedomer Promenaden säumen. Und manchmal denkt man insgeheim, daß der moderate Verfall, der die Zinnowitzer, Ahlbecker, Bansiner und Heringsdorfer Villen auszeichnet, auch so seinen speziellen Reiz hat. Hoffen wir, daß nicht allzuviele der schönen Villen der neuen Spekulation zum Opfer fallen, denn wie heißt es doch so schön auf marktwirtschaftlich: Grundstück gekauft, Haus abgerissen, neues Haus gebaut. So fantastisch und fantasievoll wie damals baut heute nämlich keiner mehr.

Eine weitere architektonische Besonderheit der Insel sind die See- und Landungsbrücken, von denen heute nur noch die 1899 erbaute Seebrücke in Ahlbeck steht. Um die Jahrhundertwende befanden sich in Zinnowitz und Heringsdorf weitere Brücken, die z.T. bis zu 400 m in die seichte Ostsee hinausragten. Wegen der mangelhaften Straßenverbindungen auf der Insel hatten die Seebrücken ursprünglich die Funktion, die Seebäder auf dem Schiffswege miteinander zu verbinden. Darüberhinaus wurden sie bald zum Ausgangspunkt für einen lebhaften Ausflugsverkehr auch zu weiter entfernten Zielen wie etwa Swinemünde oder Bornholm. Natürlich waren die zentral gelegenen Seebrücken auch der gesellschaftliche Mittelpunkt des Badelebens. Insbesondere Heringsdorf konnte mit Stolz auf seine repräsentative Holzkonstruktion blicken, die sogar Läden und Restaurationseinrichtungen aufwies. Ein Wiederaufbau der Landungsbrücken in den Seebädern ist für die Zukunft geplant.

Die 1945 schwer beschädigte, in den Jahren 1970/71 rekonstruierte **Seebrücke** in Ahlbeck beherbergte ein HO-Restaurant, das 1991 von einem Amerikaner mit dem Namen Tom Dooley gepachtet wurde. Große Aufregung hat hier das etwas hemdsärmelige Umgehen des jungen Investors verursacht; der sucht sich seine Klientel unter den betuchten West-Besuchern, was natürlich bei den Ossis böses Blut erzeugt, und das nicht nur wegen der gesalzenen Preise im neueingerichteten Etablissement.

Von der Seebrücke aus hat man einen weiten Blick über die Ostsee bis auf die Steilküste der Nachbarinsel Wollin, abends spiegeln sich die Lichter des polnischen Ostseebades Miesdroy im Wasser. Man schaut auf den sich am Horizont verlierenden Strand von Usedom sowie auf die zahlreichen Schiffe, die die Hafeneinfahrt und die Reede von Swinoujscie (Swinemünde) ansteuern. Am Horizont recken sich die Kräne des polnischen Industriehafens wie dünne Finger in den weiten Himmel, das heisere Geschrei der Seeschwalben und die würzige Seeluft begleiten den Besucher auf seinem Heimweg.

USEDOM – NÖRDLICHER TEIL

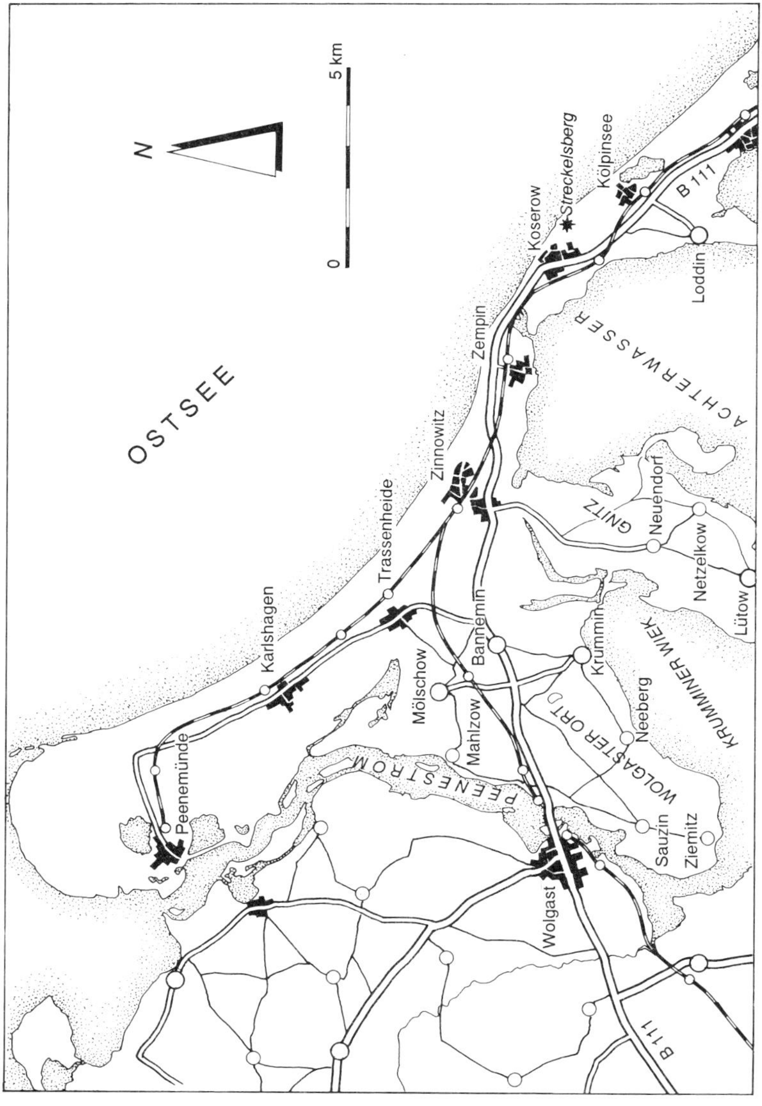

DER NORDEN

Trassenheide und Karlshagen – Peenemünde – Ostseebad Zinnowitz

AUSKÜNFTE	Kurverwaltung Karlshagen, Hauptstr. 41, O-2222 Karlshagen, Tel. 258 Fremdenverkehrsamt Trassenheide, Kampstr. 16, O-2233 Trassenheide, Tel. Karlshagen 928
BESONDERER HINWEIS	Bei Wanderungen im Nordteil verlassen Sie bitte keinesfalls die ausgewiesenen Wege, denn hier finden sich noch überall Munitionsreste aus dem 2. Weltkrieg.
SEHENSWERTES	Hafen in Karlshagen (für Liebhaber) Gedenkstätte für die Opfer des Haftlagers, an der Straße zwischen Trassenheide und Karlshagen
MUSEUM	Historisch-technisches Informationszentrum Peenemünde, Bahnhofstr. 28, Tel. 224, Di-So 9-17 Uhr
HOTEL	Ferienhotel »Thomas Müntzer«, Zeltplatzstr. 2, Karlshagen, Tel. 404
GASTSTÄTTEN	»Bahnhofsgaststätte«, am Bahnhof Trassenheide »Strandhalle«, am Strand in Trassenheide
CAMPING	Campingplatz Karlshagen, Zeltplatzstraße, Tel. 291, 150 Plätze Campingplatz Trassenheide, Am Strand, Tel. 949, 250 Plätze
AUSFLÜGE	mit der »Weißen Flotte« (Anlegestelle im Hafen Karlshagen): Mo nach Swinemünde (Polen) (DM 15,-) Abfahrt 9.00, Rückkehr 18.30 Uhr; Di, Fr, So nach Saßnitz (Rügen) (DM 15,-) Abfahrt 9.00, Rückkehr 19.00 Uhr; Sa zu den Kreidefelsen und zum Kap Arkona (Rügen) (DM 25,-) Abfahrt 9.00, Rückkehr 19.00 Uhr

TRASSENHEIDE UND KARLSHAGEN

ÜBERBLICK

Im Norden der Insel liegen in bewaldeter Heidelandschaft zwei ruhige Orte, die sich erst relativ spät zu Seebädern gemausert haben und die – bedingt durch die ungünstige Verkehrslage einerseits und die militärische Funktion der Region andererseits – stets im Schatten der südlicheren Badeorte blieben: Trassenheide und Karlshagen.

Als Orte bieten Karlshagen und Trassenheide nichts Sehenswertes, ruhige Einfamilienhäuser prägen die Siedlungen. Für Urlauber sind am Strand Imbißstände, nette kleine Cafés, Strandkorbverleihe und Campingplätze eingerichtet. Die ausgedehnte Ferienanlage am südlichen Strandabschnitt von Trassenheide liegt sehr idyllisch im Kiefernwald und verfügt über Campingmöglichkeiten, Bungalows, Cafés und Restauration (Strandhalle). In den Orten selbst werden Privatzimmer vermietet.

GESCHICHTE

Beide Orte entstanden erst Anfang des 19. Jh., als die preußische Domänenverwaltung die siedlungsarme Küstenebene im Nordwesten der Insel durch die Anlage zweier Fischerkolonien erschließen wollte. 1824 wurde in der Nähe des Forsthauses Trassenmoor die erste Ansiedlung gegründet, 1829 bei Karlshagen die zweite. Trassenheide entstand und wuchs unter dem Namen »Hammelstall«. Die Domäne Mölschow nutzte hier einige Flächen Weideland für die Schafzucht und unterhielt auch einen Hammelstall - daher der Name. Beide Fischerorte vergrößerten sich schnell, denn die Existenzbedingungen in den anderen Inselorten waren so kärglich, daß sich viele Umsiedlungswillige fanden. Die reichen Heringsfänge in der Ostsee ermöglichten es den Kolonisten, als Fischer ihren Lebensunterhalt zu sichern. Erst relativ spät, um die Jahrhundertwende, versuchten die Orte, Anschluß an den im Süden bereits durchgesetzten Fremdenverkehr zu bekommen. Und da »Hammelstall« kein attraktiver Name für einen Badeort ist, benannte man den Ort 1910 in Erinnerung an den Förster Trassen in Trassenheide um.

Eine völlig andere Bestimmung erhielten Karlshagen und Trassenheide während des Dritten Reichs. Als *WERNHER VON BRAUN* auf der Suche nach einem neuen Raketenversuchsgelände im Dezember 1935 auf Usedom stieß, waren damit die Zeichen für die Zukunft dieser Orte gesetzt. Nur

Am Strand bei Trassenheide

wenige Monate später, im April 1936, kauften Heer und Luftwaffe den gesamten nördlichen Teil der Insel auf, erklärten die Region von Peenemünde bis Zempin zur Sperrzone und begannen unverzüglich mit dem Bau von Wohngebäuden, Laboratorien, Raketenprüfständen, Eisenbahnlinien, Fabriken und einem Kraftwerk. Was so entstand, war die neue deutsche Luftwaffen- und Heeresversuchsanstalt, deren Aufgabe die Entwicklung, Erprobung und Produktion der unter dem Namen V 1 und V 2 bekannten Kriegswaffen war (näheres siehe Kapitel 'Raketen in Peenemünde'). Die militärischen und technischen Anlagen standen in Peenemünde; Trassenheide und Karlshagen waren als Wohnbereiche für die Arbeitskräfte des Projekts vorgesehen.

Da Wissenschaftler und Techniker aus dem ganzen Land im Norden Usedoms zusammengezogen werden sollten, plante und baute man in Karlshagen eine der modernsten Wohnsiedlungen der damaligen Zeit: Ein »Brandenburger Tor« bildete den Eingang zu einer parkähnlichen Anlage mit 2500 Wohnungen. Kulturangebote und vielfältige andere Freizeiteinrichtungen sollten den Wissenschaftlern den Aufenthalt auf der abgelegenen Insel so angenehm wie möglich machen. Der Transport zu den Forschungs- und Produktionsstätten in und um Peenemünde wurde mit einem modernen Bahnsystem durchgeführt – dem erst wenige Jahre zuvor erstellten S-Bahn-Netz Berlins nachgebaut.

Von der westlichen Geschichtsschreibung etwas in den Hintergrund gestellt wird ein ganz anderer Teil der Arbeitskräfte: Tausende von Zwangsarbeitern lebten im Gefangenenlager Karlshagen und dem großen Lager für Zwangsarbeiter und Fremdarbeiter in Trassenheide. Beide Lager wurden unter Leitung des damaligen Hauptmanns der Reserve und späteren Bundespräsidenten der BRD Heinrich Lübke fertiggestellt.

Von der Wohnsiedlung und den Lagern ist heute nichts mehr zu sehen. Große Teile wurden beim englischen Luftangriff am 17./18. August 1943 zerstört. Zur Erinnerung an die Opfer des Faschismus und den antifaschistischen Widerstand wurde 1970 am südlichen Ortseingang von Karlshagen eine Mahn- und Gedenkstätte errichtet. Auf dem danebenliegenden Friedhof sind ehemalige Lagerinsassen begraben, die die Arbeitslager bzw. den Bombenangriff nicht überlebt haben.

Nach 1945 wurde Trassenheide zu einem Industrieort: Der größte Industriebetrieb der Insel, FIBEMAT, stellte chirurgische Instrumente her, außerdem produzierte man in Auftragsarbeit für die Volkswerft Stralsund Fischverarbeitungsmaschinen. Urlauberanlagen – speziell Betriebs- und Kinderferienheime – gab es, aber für den Charakter des Ortes waren sie nicht bestimmend. Karlshagen hingegen erhielt eine neue militärische Funktion durch die Stationierung von NVA-Truppen; entscheidend für die Wirtschaftsstruktur des Orts aber war bislang der Hafen, Standort der FPG »Inselfisch«.

Wanderungen und Radtouren:

1. *Zinnowitz – Karlshagen, Wanderung und Radtour, 8 km:*
Von der Strandpromenade in Zinnowitz aus führt in nordwestlicher Richtung ein schöner Waldweg (blauer Balken) parallel zum Strand nach Karlshagen. Bis Trassenheide ist dieser Weg befestigt und als Radweg ausgewiesen. Wanderer sollten deshalb besser am Strand gehen. Ab Trassenheide laufen der Rad- und der Wanderweg getrennt bis nach Karlshagen. Etwa auf der Hälfte des Weges liegt links im Wald der Bahnhof Trassenmoor-Lager. In unmittelbarer Nähe befinden sich das Ehrenmal für die Opfer des Faschismus sowie der Friedhof. Weiter zum Hafen Karlshagen siehe 2. Wanderung.

Hafen Karlshagen

2. *Zum Hafen Karlshagen und am Peenestrom entlang nach Trassenheide, ab Trassenheide 10 km, ab Karlshagen 7 km*
Ausgangspunkt ist wahlweise der Bahnhof Trassenmoor (bei Trassenheide) oder Karlshagen. Vom Bahnhof Trassenmoor aus folgt man zunächst dem asphaltierten Weg durch den schönen Kiefernwald zum Strand. Vor dem Parkplatz biegt der Radweg nach Karlshagen ab. Hinter dem Parkplatz geht man in nordöstlicher Richtung entweder weiter auf dem Küstenwanderweg (blauer Balken) oder am Strand entlang zum ca. 4 km entfernten Karlshagen. Die Nordspitze ist eine Gegend für Einzelgänger; auf andere Menschen trifft man unterwegs nur selten. Die oberhalb der Dünen gelegenen Strandanlagen kennzeichnen das »Seebad« Karlshagen. Dazu gehören einige kleine Cafés, Imbißbuden und Kioske. Landeinwärts führt eine Asphaltstraße schnurstracks geradeaus, über die Landstraße und die Eisenbahngleise hinweg, vorbei an den ruhigen, von viel Grün umgebenen Häusern der Siedlung und weiter zum Hafen (blauer Balken).

Vom Bahnhof Karlshagen aus läuft man zunächst ein Stück auf der Landstraße zurück, bis man an der Kreuzung auf den Wegweiser »Hafen« trifft.

Im Hafenbecken schaukeln Yachten und bauchige Fischkutter sanft vor sich hin. Der Wind surrt durch die Wanten, Möwen kreischen, und das Hafenwasser schwappt gegen die Kaimauern. Ansonsten: Stille. Aus dem kleinen Flachbau am Kai kräuselt sich heller Rauch, von hier klingen Arbeitsgeräusche nach draußen.

Die frühere FPG »Inselfisch« war zu DDR-Zeiten mit insgesamt 400 Mitarbeitern die größte im ehemaligen Bezirk Rostock. Von den 70 Frauen, die hier in Karlshagen den angelandeten Fisch verkaufsfertig machten, arbeiteten im Herbst 1991 nur noch 15. Tonnenweise Sprotten, Barsch, Aalquappen und Flundern wurden hier einst wöchentlich verarbeitet. Heute ist man auf der Suche nach neuen Abnehmern. Es gehört zu den Widersprüchen der Marktwirtschaft, daß sich von dem großen Angebot an Inselfisch nur relativ wenig in den Küchen der Restaurants wiederfindet, stattdessen wird dem Gast auf Usedom häufig sogar tiefgekühlter Fisch aus nordatlantischen Fanggründen serviert.

Der Kiosk am Hafeneingang verkauft frisch geräucherten Fisch (Heilbutt, Aal, Makrelen, Sprotten, Flundern, Seeaal). Hier befindet sich auch die Vorverkaufsstelle der »Weißen Flotte«, die Tagesfahrten nach Swinemünde und Rügen unternimmt.

Man geht vorbei am Flachbau der FPG und verläßt das Hafengelände. Rechts führt ein mit blauem Balken markierter kleiner Weg zum Deich. Auf diesem gelangt man, am schilfbestandenen Peenestrom entlang, zum Flecken **Zecherin**. Kurz vorher passieren wir eine kleine Ausbuchtung des Stroms, in der Ruderboote, alte Kähne und Hausboote weltvergessen vor sich hin dümpeln. Kinder turnen auf dem geteerten Gerippe eines altersschwachen, auf Land liegenden Lastkahns herum. Durch das Dorf führt der Küstenwanderweg weiter am Ufer entlang bis nach **Mahlzow**, wo man Anschluß an die Inselbahn hat. Wir halten uns links. Eine schmale Asphaltstraße führt durch Wiesen und Getreidefelder (begehbarer Rain) nach **Mölschow**. Auch hier hat man Anschluß an die Bahn; ein paar hundert Meter sind es nur bis zum Bahnhof Mölschow-Bannemin. Das flache Land, durchzogen von Wassergräben und vereinzelten Baumreihen, erstreckt sich in scheinbar endlose Weite. Von hier führt der Weg zurück nach Trassenheide, das schon von weitem mit der Silhouette seiner Windmühle herübergrüßt.

RAKETEN IN PEENEMÜNDE

VORBEMERKUNG

Grundlage für den folgenden Text war unter anderem auch das Buch »Die Geheimwaffen des Dritten Reichs« von David Irving, das als Standardwerk über dieses Thema gilt und auch des öfteren von uns zitiert wird.

Um Mißverständnisse auszuschließen, möchten wir vorab betonen, daß wir die politische Einstellung des Autors jedoch in keiner Weise teilen.

DER STANDORT

Die Geburtsstunde der Heeresversuchsanstalt Peenemünde war Weihnachten 1935. Der junge Ingenieur *WERNHER VON BRAUN*, der drei Jahre zuvor bei einer Sonderabteilung des Heereswaffenamtes eingestellt worden war, erzählte seiner Mutter beim gemeinsamen Weihnachtsfest von der Suche seiner Dienststelle nach einem von der Außenwelt abschirmbaren Gelände, wo er großangelegte Raketenversuche durchführen könne. Der Norden Usedoms, so erinnerte sich damals seine Mutter, sei eine menschenleere Gegend, sein Vater sei dort oft auf Entenjagd gegangen.

Schon wenige Monate später wäre Entenjagen dort nicht mehr möglich gewesen. Wernher von Braun war es nicht schwer gefallen, die Generalität von Usedom als geeignetem Standort zu überzeugen: Die dünnbesiedelte und schwer zugängliche Region bot optimale Geheimhaltungsbedingungen. Auf den kleinen vorgelagerten Inseln konnte man Flugbeobachtungsstationen einrichten, und die über 500 km lange Küstenlinie der Ostsee konnte für Raketenexperimente und deren Verfolgung über Funkmeßgeräte genutzt werden.

DAS PROJEKT

Worum ging es bei diesem Projekt? In Deutschland arbeitete erstmals eine Gruppe von Wissenschaftlern an der Konstruktion einer flüssigkeitsangetriebenen Rakete – ein Novum in der Geschichte der Raketentechnik. Bisher war Kordit, ein fester Treibstoff, der Standard. Der Nachteil korditgetriebener Raketen lag vor allem in dem ungünstigen Verhältnis von Eigengewicht und Schubleistung, das bei militärisch interessanten Nutzlasten riesige Raketen

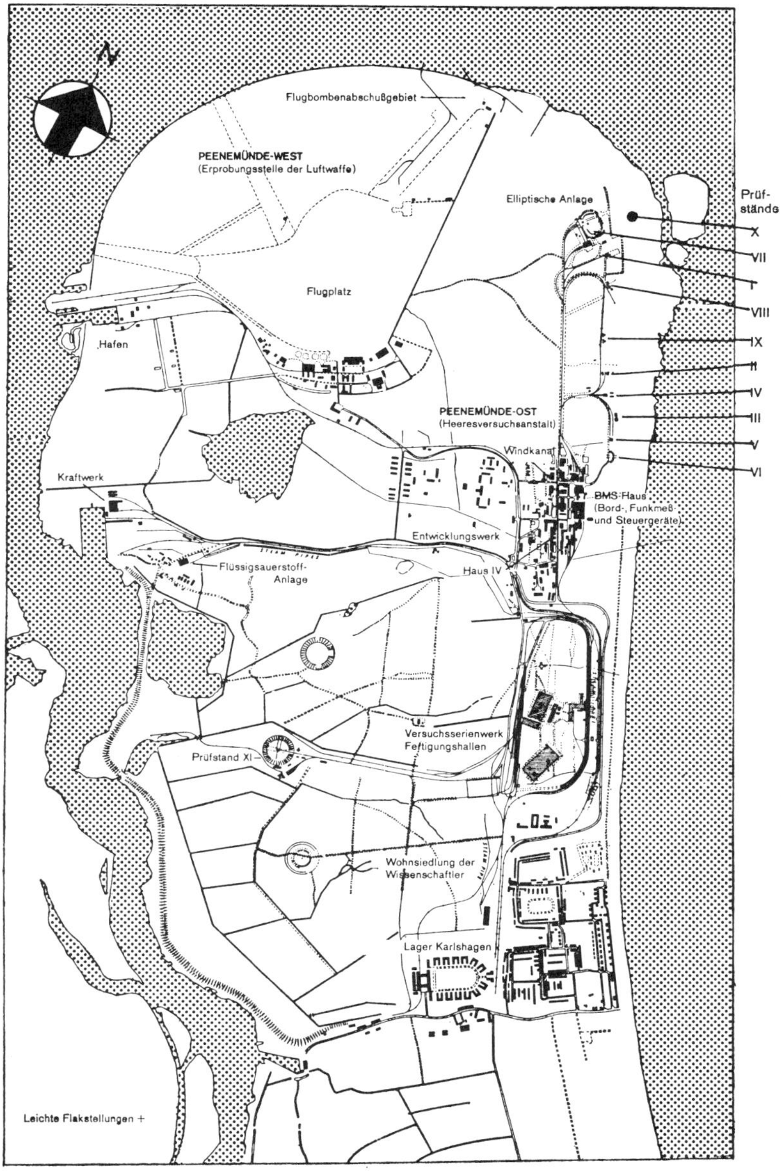

N
Flugbombenabschußgebiet
PEENEMÜNDE-WEST
(Erprobungsstelle der Luftwaffe)
Elliptische Anlage
Prüf-
stände
X
VII
I
VIII
IX
II
IV
III
V
VI
Flugplatz
Hafen
PEENEMÜNDE-OST
(Heeresversuchsanstalt)
Windkanal
Kraftwerk
BMS-Haus
(Bord-, Funkmeß-
und Steuergeräte)
Entwicklungswerk
Flüssigsauerstoff-
Anlage
Haus IV
Versuchsserienwerk
Fertigungshallen
Prüfstand XI
Wohnsiedlung der
Wissenschaftler
Lager Karlshagen
Leichte Flakstellungen +

erforderte, und damit verbunden erhebliche technische und konstruktive Probleme aufwarf. Die Versuche, stattdessen ein Alkohol-Sauerstoff-Gemisch zu verwenden, eröffneten in den Augen der Militärs Perspektiven für die Entwicklung einer qualitativ neuen Rakete, die durch größere Reichweite und höhere Nutzlast als Offensivwaffe eingesetzt werden könnte. Dieser Treibstoff, ein hochbrisantes Gemisch, stellte allerdings völlig neue technische Anforderungen an die Raketenkonstrukteure, ganz abgesehen von den in Deutschland damals ungenügend vorhandenen Produktionskapazitäten für flüssigen Sauerstoff.

Ziel war die Serienfertigung einer Raketenwaffe mit großer Reichweite, die erhebliche Mengen Sprengstoff in relativ genau bestimmbare Zielgebiete tragen konnte und gegen die damals keine wirksame Verteidigung existierte.

Im Jahre 1930 wurde mit dieser Zielrichtung eine Sonderabteilung des Heereswaffenamtes, die »Arbeitsgruppe zur Entwicklung und Prüfung, Wa-Prüf II« eingerichtet und General *WALTER DORNBERGER* als militärischem Leiter unterstellt. 1932 begann Wernher von Brauns Mitarbeit als technischer Leiter des Projekts. Auf einem Schießplatz in Kummersdorf und auf der Insel Borkum startete er die ersten Raketen, die sogenannten A 1 und A 2. Diese Aggregate waren noch unausgereifte Versuchsobjekte, die durch mangelnde Stabilität nicht steuerbar waren. Die Entwicklung und Erprobung weiterer Aggregate erfolgte dann mit erheblich größerer staatlicher Unterstützung auf Usedom.

Im April 1936 kauften Heer und Luftwaffe den gesamten nördlichen Teil der Insel auf. Die Region zwischen der Nordspitze bei Peenemünde und Zempin wurde zur Sperrzone erklärt; die Straße von Trassenheide nach Peenemünde durfte nur noch mit Sondergenehmigung passiert werden. Auf dem Gelände entstand binnen kürzester Zeit die »Heeresversuchsanstalt Peenemünde-Ost« mit Raketenprüfständen, einem Entwicklungswerk mit modernsten technischen Einrichtungen, wie etwa einem extra hierfür entwickelten Windkanal, und einem Versuchsserienwerk mit Fertigungshallen. Die fließbandgestützte Massenfertigung der Raketen sollte später aus kriegsstrategischen Gründen außer auf Usedom auch noch in den Zeppelin-Werken in Friedrichshafen am Bodensee und in den Flugzeugwerken in Wiener Neustadt vorgenommen werden.

An der Peeneseite bekam die ausgedehnte Anlage ein eigenes Kohlekraftwerk, das heute noch steht, und eine Fabrik zur Herstellung von flüssigem Sauerstoff. Die Anlagen und der Flugplatz in »Peenemünde-West« gehörten der Luftwaffe, die zeitgleich und zunehmend in Konkurrenz zum

Heer an der Entwicklung und Erprobung eines unbemannten Bombers mit dem Namen Fi 103, besser bekannt als V 1, arbeitete, der zweiten »Geheimwaffe« des Dritten Reichs. Für die aus ganz Deutschland zusammengezogenen Wissenschaftler, Spezialisten und Facharbeiter entstand in Karlshagen eine moderne Wohnsiedlung. Südlich davon errichtete man in Trassenheide ein Lager für Fremdarbeiter und später bei Karlshagen ein Kriegsgefangenenlager. Das gesamte Gelände war durch ein großzügig ausgebautes Eisenbahnsystem erschlossen, das der erst wenige Jahre zuvor errichteten Berliner S-Bahn nachempfunden war.

GEGENSTIMMEN

Die immensen Summen, die das Projekt verschlang, ohne unmittelbar sichtbaren Erfolg zu zeitigen, warfen in regelmäßigen Abständen die Frage nach der Zweckmäßigkeit des gesamten Unternehmens auf. Daß massenhaft Gelder, Produktionskapazitäten und Arbeitskräfte für Peenemünde reserviert wurden, wirkte unter den Bedingungen der Kriegsproduktion als Abzug auch von aktuell wichtigen militärischen Projekten, wie z.B. dem Ausbau der Flak, die der zunehmend notwendig werdenden Luftverteidigung des Dritten Reichs diente, oder dem als noch wichtiger angesehenen Flugzeugbau. Fraglich war zugleich, ob sich die Investitionen in Peenemünde für den Krieg noch lohnen würden, denn sowohl die Rakete als auch die Flugbombe Fi 103 befanden sich noch im Entwicklungsstadium; angesichts der bei beiden Projekten noch nicht beherrschten technischen Probleme war der Zeitpunkt der Serienreife kaum abzuschätzen. Zudem ging man nach den leicht errungenen Anfangserfolgen in Deutschland von einem baldigen Kriegsende aus.

Die widersprüchlichen politischen Entscheidungen von 1939 und 1940 sind charakteristisch für Hitlers schwankende Haltung in dieser Frage. Nach dem Angriff auf Polen drohte er in einer Rede vom 19. September 1939 England mit einer Waffe, der es selbst nichts entgegenzusetzen hätte, um die englische Regierung zur Annahme seines Friedensangebotes zu bewegen. Diese ominöse Drohung war für Großbritannien der Anlaß zu konzentrierten Nachforschungen über deutsche Geheimwaffen. Zwei Monate später brachte Hitler das Projekt in Peenemünde jedoch fast zum Erliegen, indem er die Stahlzuteilung dafür drastisch einschränkte. Der rasche Sieg über Polen führte ihn jetzt zu der Annahme, er werde in diesem Krieg keine Raketen mehr brauchen. Peenemünde verschwand von der Dringlichkeitsliste, bis 1940/41

Flugbombe V 1 (Fieseler 103), Einsatzmodell 1944

die »Schlacht über England« verloren gegeben werden mußte. Kurze Zeit später erhielt die Raketenforschung die Dringlichkeitsstufe »DE«, die höchstmögliche. Hitlers Prämisse zufolge machte die Entwicklung allerdings nur Sinn, wenn im Ergebnis mindestens fünftausend Stück für eine Raketenoffensive bereitgestellt werden könnten – eine Forderung, die auch noch 1942 für Dornberger und von Braun völlig utopisch war.

DER DURCHBRUCH

Die Entwicklung des Aggregat 4 wurde fieberhaft vorangetrieben. Die ersten Versuchsmuster waren allesamt Fehlschläge, bei denen das Triebwerk nach dem Aufstieg aussetzte oder die Rakete explodierte. Die immer wieder vorkommenden »Zerleger« brachten die Raketenentwickler an den Rand der Verzweiflung. Ein Fehlschuß ließ eine A 4 sogar auf dem schwedischen Festland niedergehen, wo sich sogleich der britische Geheimdienst der Überreste annahm. Am 3. Oktober 1942 gelang mit dem vierten Versuchsmuster der A 4 der entscheidende Durchbruch. Die Rakete flog 190 km weit und wich weniger als 4 km vom vorausberechneten Ziel ab.

Ermutigt durch diesen Erfolg wandten sich Dornberger und von Braun am 17.12.1942 mit der Bitte an Himmler, er möge ihnen ein Treffen mit dem Führer vermitteln:

»Der Abteilungschef, Oberst Dornberger, bittet, es zu ermöglichen, zusammen mit dem Entwickler, Dr. v. Braun, zu einem offiziellen Vortrag zum Führer zu kommen, um in Rede und Gegenrede die Absichten und Wünsche des Führers zu hören und unter deren Berücksichtigung die Einsatzmöglichkeiten des Gerätes zu erörtern. Das dabei vom Führer Festgelegte würde dann den schon zum Teil laufenden Vorbereitungen für den Einsatz eine klare Richtung geben.« (Irving, 24)

Das Treffen fand im Juli 1943 statt. Die Leistungen der Rakete, die 1000 kg Sprengstoff weit genug transportieren konnte, um London zu erreichen, stellten Hitler durchaus zufrieden, so daß er bereits am 22.12.1942 einen Erlaß für die Serienfertigung der A 4 unterschrieb und im März 1943 Pläne für den Bau von Raketenabschußbunkern in Nordfrankreich genehmigte. Von dort aus sollte die Rakete mit Funksteuerung auf England abgeschossen werden. Ende 1943 lief die Serienherstellung der A 4 an, die nun den Namen V 2, »Vergeltungswaffe 2«, erhielt. Dornberger selber verfügte den Stop der Entwicklungsarbeiten im August 1943, obwohl noch eine Vielzahl von Änderungen nicht nur für möglich, sondern auch für notwendig erachtet worden war: Der schnelle Übergang zur Serienproduktion war dem strategischen Bedürfnis der Militärs geschuldet, die angesichts der andauernden schweren Luftangriffe der Alliierten auf Vergeltung sannen. Es gab neben den Arbeiten an einer weitaus größeren Fernrakete sogar Pläne, eine Abschußrampe für die V 2 von U-Booten bis vor die amerikanische Ostküste schleppen zu lassen und New York zu bombardieren.

Für das Konkurrenzprodukt der Luftwaffe, die fliegende Bombe Fi 103, die V 1, waren Mitte 1943 die Pläne zur Serienherstellung ebenfalls weit fortgeschritten, doch war die Versagerquote der Waffe bei Versuchen noch relativ hoch. Die im Vergleich zur V 2 wesentlich einfachere Konstruktion ließ aber auf eine baldige Beseitigung der Mängel hoffen und so konnte die Massenfertigung in den Volkswagenwerken in Wolfsburg auch kurze Zeit später anlaufen. An der französischen Kanalküste waren die für die V 1 notwendigen Abschußrampen, sogenannte Werfer, bereits im Bau. Hitler war seinem Traumziel, täglich 100 V 2-Raketen und 800 V 1-Flugbomben auf London abzuschießen, ein gutes Stück näher gekommen.

DER GEGENSCHLAG

In der Zwischenzeit befaßte man sich in England intensiv mit Nachforschungen über die »Geheimwaffe« der Deutschen, mit denen Hitler im September 1939 gedroht hatte. Ende 1939 traf bei der britischen Botschaft in Oslo der Bericht eines anonymen deutschen Wissenschaftlers ein, der detailliert über die verschiedenen Raketenentwicklungen der Deutschen berichtete und auch Peenemünde als Planungs- und Versuchs-

Aggregat 4 (V 2), Modell: 1 : 2,5

stätte nannte. Der britische Geheimdienst war jedoch nicht in der Lage, den technischen Wert dieser Informationen zu beurteilen, und da der »Oslo-Bericht«, wie das Schreiben genannt wurde, eine Meldung neben vielen verschiedenen anderen war, blieb er zunächst folgenlos. Erst viel später, als sich zwischen Herbst 1942 und Frühjahr 1943 Agentenberichte häuften, die auf Peenemünde hindeuteten, ordnete die britische Regierung Aufklärungsflüge über dem Usedomer Gelände an.

Die britischen Flieger entdeckten die Heeresversuchsanstalt, die Werkhallen und die Raketenprüfstände, die sie aber nicht als solche identifizierten. Da man auf der Suche nach einer Korditfabrik war, übersah der Aufklärungsbericht die Funktion des »großen Gebäudes«, in dem flüssiger Sauerstoff hergestellt wurde. Seinen gravierendsten Fehler beging der Geheimdienst bei der Auswertung dessen, was die Flieger von dem Kohlekraftwerk berichteten. Als Geheimhaltungsmaßnahme hatten die Deutschen das Kraftwerk mit elektrostatischen Abscheidern versehen, die den Rauchausstoß auf ein Minimum reduzierten. Die Briten erhielten den Eindruck, daß die Einrichtung »keinerlei Zeichen einer Tätigkeit« aufweise, obwohl das Kraftwerk in Wirklichkeit auf vollen Touren arbeitete. Zusammenfassend stand für England aufgrund der Beobachtungen zwar eindeutig fest, daß in Peenemünde Raketenprojektile getestet wurden, doch befand sich in ihren Augen das Projekt noch im Versuchsstadium, da ein Teil des Geländes, speziell das Kraftwerk, scheinbar nicht in Betrieb war. Der britische Geheimdienst glaubte deshalb, »daß eine schwere Fernrakete keine unmittelbar drohende Gefahr« darstelle.

Auch spätere Aufklärungsflüge machten die Briten nicht viel klüger. Der Grund dafür lag in ihrer Unkenntnis darüber, wie die Rakete der Deutschen funktionierte. Es dauerte sehr lange, bis man in Großbritannien von der möglichen Existenz einer mit flüssigem Treibstoff angetriebenen Rakete ausging. Zurückhaltende Hinweise aus den USA, wo wie in Deutschland Wissenschaftler über diese neue Technik nachdachten, halfen den vorwärtsdenkenden Köpfen in England zwar auf die Sprünge, doch die Fraktion der konservativ Denkenden weigerte sich, die Existenz einer ihnen unbekannten Technik anzunehmen – getreu dem Motto: Was wir nicht kennen, kann es nicht geben. Ein Einwand lautete, daß die Flugrichtung einer Fernrakete angesichts ihrer geringen Anfangsgeschwindigkeit nicht steuerbar sei – ein Problem, das von Braun tatsächlich lange beschäftigt hatte und das er durch den Einbau von Graphitrudern in den nach unten austretenden Raketenstrahl gelöst hatte. Die britische Abwehr unterstellte hingegen, daß die

Rakete mit Hilfe von riesigen »Werfern« gestartet werden müsse, und errechnete – ausgehend von der zum Transport einer Tonne Sprenglast notwendigen Menge Kordit – eine 50 bis 70 Tonnen schwere Rakete mit entsprechenden Ausmaßen. Die Suche nach solchen Monstern blieb natürlich ergebnislos; umgekehrt galt die zwölf Tonnen schwere A 4, die sehr wohl auf den Aufklärungsbildern festgehalten war, als »hohe Säule«, deren Funktion man nicht näher bestimmen konnte.

Erst im Juni 1943 identifizierte man die A 4 auf den Fotos als Rakete. Unmittelbar danach, am 29. Juni 1943, beschloß der britische Verteidigungsausschuß, daß auf Peenemünde ein »schwerstmöglicher Nachtangriff der Bomberkommandos geflogen und bei der ersten Gelegenheit durchgeführt werden soll, wenn die Bedingungen geeignet sind« (Irving, 94).

Der Angriff von über 600 Bombern der Royal Air Force auf Peenemünde erfolgte in der Nacht vom 17. auf den 18. August 1943 nach einem großangelegten Täuschungsmanöver, das die deutschen Jagdbomberstaffeln einen schweren Luftangriff auf Berlin vermuten ließ. Angriffsziele waren die Fabrikationshallen und die Entwicklungswerke in Peenemünde sowie die Wohnsiedlung der Wissenschaftler in Karlshagen. Aufgrund einer falschen Markierung der Zielpunkte 3 km zu weit südlich trafen die Bomber hauptsächlich die Wissenschaftlersiedlung in Karlshagen und das Lager der Fremdarbeiter in Trassenheide. 120 Deutsche und über 600 Fremdarbeiter kamen im Bombenhagel ums Leben. Vereinzelt wird die Auffassung vertreten, daß die Briten die Bedeutung der technischen Anlagen zu diesem Zeitpunkt nicht kannten und deshalb die Unterkünfte der Ingenieure und Arbeiter als Angriffsziele festgelegt hatten. Die Anlagen in Peenemünde-Ost wurden jedenfalls nicht erheblich getroffen, Peenemünde-West überstand den Angriff unversehrt.

Die Treffer auf das Arbeitslager Trassenheide hatten ein abruptes Versiegen des Stromes von Informationen an den englischen Geheimdienst zur Folge, so daß zu vermuten ist, daß die Informanten ums Leben gekommen sind.

Ob der Großangriff auf das Usedomer Raketenzentrum nun ein Erfolg war oder nicht, sei dahingestellt, zusammen mit der schon vorher erfolgten Bombardierung der geplanten V 2-Produktionsstätten in Friedrichshafen und Wiener Neustadt erzwang die Aufdeckung der Entwicklungs- und Produktionsstätten in Peenemünde die Verlagerung der V 2-Waffenproduktion, um sie vor weiteren britischen Luftangriffen zu schützen. Ein zweiter Angriff im Sommer 1944 führte dann endgültig zu einer Forcierung der Serienproduktion der V 2 in einer riesigen unterirdischen Fabrik, dem sogenannten

Mittelwerk bei Nordhausen im Südharz, in der 16 000 Häftlinge und Zwangsarbeiter aus dem nahen »Konzentrationslager Dora« zur Montage der Waffenteile angetrieben wurden.

DER EINSATZ

Die durch den Luftangriff bedingte Produktionsverzögerung bewirkte, daß die V-Waffen 10 Monate nach dem britischen Luftangriff, als die Invasion der Alliierten in der Normandie begann, nicht einsatzbereit waren. Erst 10 Tage nach der Invasion begann am 16. Juni 1944 der Angriff auf London, das von Nordfrankreich aus mit V 1-Flugbomben beschossen wurde. Innerhalb der folgenden Wochen wurden 2000 dieser unbemannten Düsenflugzeuge auf die englische Hauptstadt abgefeuert, wo sie zahlreiche Menschen töteten, Tausende von Häusern beschädigten und bis zu 15 Prozent der kriegswichtigen Produktionskapazitäten lahmlegten. Rasch ergriffene Schutz- und Gegenmaßnahmen wie Ballonsperren, Flakbeschuß oder Funkstörung konnten die V 1-Angriffe nicht entscheidend behindern.

Die Produktionskapazitäten des Dritten Reiches waren inzwischen so eingeschränkt, daß nur alternativ V 1- oder V 2-Waffen in größerem Umfang produziert werden konnten. Als Ende August 1944 die V 1-Abschußanlagen in Nordfrankreich von den Alliierten überrannt wurden, erging die Anweisung, die V 1-Produktion zurückzustellen und stattdessen die V 2-Herstellung in Nordhausen bis auf 900 Stück im Monat zu forcieren. Am 3. Oktober begann der Raketenangriff mit der V 2 auf London. Die britische Luftabwehr war weder in der Lage, den Funksteuermechanismus der Rakete zu stören, noch konnten die leicht zu tarnenden und beweglichen Abschußstellen wirksam angegriffen werden. Daß die V 2 vom weiter entfernten Holland aus abgeschossen werden mußte, minderte allerdings ihre Treffsicherheit erheblich. Mangels anderer wirksamer Gegenmaßnahmen nahm die britische Seite Zuflucht zu systematisch gestreuten Falschmeldungen über erfolgte Treffer, um so die Zielpunkteinstellung der deutschen Raketen, die anfänglich im Zentrum Londons lag, auf Ziele außerhalb Londons zu lenken. Die Verluste an Menschenleben, die angerichteten Zerstörungen in England durch diese Angriffe waren hoch, wenn man die relative kurze Zeitdauer des Bombardements berücksichtigt.

Insgesamt wurden von Januar 1944 bis März 1945 in Nordhausen knapp 6000 V 2-Raketen hergestellt, von denen etwa die Hälfte zum Einsatz gebracht wurde. 1000 Raketen erreichten Großbritannien und 1670 kontinentale

Ziele. Mit die größten Schäden richteten beide V-Waffen in Antwerpen an. Die Stadt wurde zertrümmert, und die Einwohner flüchteten massenhaft. Der Hafen, der den Alliierten als Nachschubeinrichtung diente, war für sie nur noch eingeschränkt zu nutzen. Antwerpen, Lüttich und Rotterdam waren neben London von Ende 1944 bis März 1945 Hauptangriffsziele der V-Waffen, die alliierte Munitionslager sowie Transport- und Versorgungsstellen zerstören sollten. Damit war jedoch der Vormarsch der Allierten nicht aufzuhalten. Im März 1945 wurde Holland von den alliierten Truppen befreit. Als die Amerikaner kurz danach den Harz einnahmen, ließ sich auch das Mittelwerk, das als letzte Offensivbastion gedacht war, nicht mehr halten. Die bevorstehende Kapitulation Deutschlands war abzusehen.

WEITERMACHEN

Im April wurden deshalb die führenden Peenemünder Wissenschaftler nach Oberammergau beordert. Aus der nicht unberechtigten Angst heraus, als Geheimnisträger dort von der SS umgebracht zu werden, folgte kaum jemand diesem Befehl. Im Mai 1945 ergaben sich eine Gruppe von 400 Raketenwissenschaftlern den Amerikanern, darunter auch Wernher von Braun, der als »wanted« ganz oben auf der amerikanischen Wunschliste stand. Eine kleinere Gruppe trat in die Dienste der UdSSR. Die Konkurrenz um den zukunftsweisenden »braintrust« der Deutschen war eröffnet. Der Gedanke unbemannter Bombenflugzeuge und zielgenauer Fernraketen stieß bei beiden Großmächten auf ausgesprochen starkes Interesse, und das Wissen der deutschen Wissenschaftler und Fachleute floß fortan unmittelbar in die West-Ost-Konfrontation und ihre militärischen Emtwicklungen ein. Heute beruht ein entscheidender Teil der globalen Militärstrategie auf flüssigkeitsgetriebenen Raketen, deren theoretische und praktische Grundlagen in Usedom gelegt wurden.

Betrachtet man nur einmal den strategischen Hintergrund der modernen Marschflugkörper, der Cruise Missiles, deren Stationierung in den achtziger Jahren viele Menschen in Angst und Schrecken versetzten, und vergleicht sie mit den Baumustern der V 1, so kann man die Worte des Führers nur als weit vorausschauend bezeichnen: *»Wir schonen Menschen und Maschinen, V 1 ist Maschine und Bombe zugleich, V 1 braucht keinen Sprit für den Rückflug«*, so Adolf Hitler auf einer Lagebesprechung vom 26. Juni 1944.

Tip: Das »Historisch-technische Informationszentrum Peenemünde« befindet sich in der Bahnhofstr. 28.

OSTSEEBAD ZINNOWITZ

AUSKÜNFTE	Kurverwaltung, Makarenkostr. 1, O-2238 Zinnowitz, Tel. 22 20/22 29, FAX 21 10
HOTELS	»Baltic«, Dünenstraße, Tel. 20 87 u. 65 49, FAX 65 94 »Schwabes Hotel«, Dünenstr. 6, Tel. 63 06 »Seestern«, Dünenstr. 3, Tel. 21 44 »Zentralhotel«, Dünenstr. 11, Tel. 21 36 »Hotel Seeblick«, Dünenstr. 24, Tel. 21 37 »Pension Weiß«, W.-Potenberg-Str. 11, Tel. 26 75 »Pension Usedom«, Karl-Marx-Str. 6, Tel. 62 27 Landessportschule Zinnowitz, Dr.-Wachsmann-Str. 30, Tel. 22 80
JUGENDHERBERGE	Johannes-ter-Morsche-Str. 24, Tel 22 27
CAMPING	Campingplatz »Pommernland«, Dr.-Wachsmann-Straße, Zinnowitz, Tel. 20 97, 750 Plätze Campingplatz Lütow, Tel. 91 43, 600 Plätze
FAHRRADVERLEIH	Hildegard Kruggel, Dr. Wachsmann-Str. 5, Tel. 28 69 Ute Krüger, Möskenweg 4, Tel. 26 68
MEERWASSER-SCHWIMMBAD	am Hotel Baltic, Dünenstraße, Di-Fr 14-19, Sa 10-19, So 10-17 Uhr, Sauna: Di-Fr 14-19 Uhr (getrennt) u. Do (gemischt), letzter Einlaß jew. 1 Std. vor Schließung
TENNISPLÄTZE	Seestr. 1/Ecke Joh.-ter-Morsche-Straße Norbert Nemitz, Wiesenweg 19
KINO	Klubkino, Wilhelm-Pieck-Straße, Tel. 20 36
TANKSTELLE	Minol-Tankstelle, Ahlbecker Straße (B 110), südlicher Ortsausgang, kein Diesel

ÜBERBLICK

Zwischen der offenen Ostsee und dem Achterwasser liegt auf einer ca. 2 km breiten Landenge das Seebad Zinnowitz. Das Städtchen mit 4500 Einwohnern ist im Nordwesten von Kiefernwäldern und im Südosten von Buchenwäldern umgeben. Zum Seebad entwickelte sich das alte Fischerdorf, das an den sanften Hängen des Glienberges liegt, erst in der zweiten Hälfte des 19. Jh.

GESCHICHTE

Der Ort, 1309 in einer Schenkungsurkunde erstmals urkundlich unter dem wendischen Namen »Tzys« erwähnt, wurde 1536 säkularisiert. Kloster und Dorf »Zitz« wurden im Dreißigjährigen Krieg 1638 zerstört. Auf Befehl von Friedrich II. wurden 1751 die fünf alteingesessenen Bauern ausgesiedelt, um Kolonisatoren aus Mecklenburg und Schweden Platz zu machen. Die neugegründete Domäne erhielt den Namen »Zinnewitz«. Der Domänengutshof lag südlich des heutigen Ortskerns (Neuendorfer Weg Nr. 6, an der Straße nach Neuendorf), heute sind dort nur noch häßliche landwirtschaftliche Gebäude der ehemaligem LPG zu sehen.

Als durch die zahlreichen Kriege Preußens die Staatsfinanzen hinreichend zerrüttet waren, verkaufte der König einen großen Teil seiner Domäne, darunter auch Zinnowitz, das der Senator und spätere Geheime Kommerzienrat F.W. Krause aus Swinemünde erwarb. Nach den Befreiungskriegen von 1813 verkaufte Krause den nur wenig gewinnbringenden Besitz an 29 dort ansässige Fischer, Büdner und Bauern.

Die wirtschaftliche Aufwärtsentwicklung begann, als der Ort 1851 die Erlaubnis erhielt, Badegäste aufzunehmen. Innerhalb weniger Jahrzehnte entwickelte sich das Fischerdorf zu einem gepflegten Seebad, laut Eigenwerbung die »Perle der Ostsee«. Die ersten Feriengäste mußten Lebensmittel und Hausrat mitbringen, um sich in den einfachen Fischerhütten, in denen sie unterkamen, einzurichten. Sogar das Rohr für die Errichtung der Badehütten, so liest man, mußte selber geschnitten werden.

Während das Fischerdorf seeabgewandt am Achterwasser angelegt war, baute man nun die ersten prächtigen Villen im Seebäderstil an der Ostsee und errichtete – wie in den anderen Bädern auch – eine ausladende Promenade. Natürlich bekam auch Zinnowitz eine Seebrücke, die den Ausflugsdampfern als Anlegestelle diente und allgemein beliebter Flaniermittelpunkt war.

»Schwabes Hotel« an der Zinnowitzer Promenade

Nach dem 1. Weltkrieg, der für alle Seebäder der Insel finanzielle Einbußen bedeutete, gewann Zinnowitz als »konservativer« Badeort Profil. Die politische Stimmung war antisozialdemokratisch und antisemitisch: Hier begrüßte man seine Gäste an der Promenade mit überdimensionalen Hakenkreuzfahnen und rühmte sich, einen »judenreinen« Strand zu haben. Das Motto des Seebades: »Fern bleib der Itz von Zinnowitz« sagt wohl alles über die damalige Geisteshaltung aus.

Im Jahre 1936 wurde die treue deutschnationale Haltung der Zinnowitzer belohnt: Man fand sich als Teil eines riesigen militärischen Sperrgebietes wieder, das rund um die neue Heeresversuchsanstalt Peenemünde von der Nordspitze der Insel bis nach Zempin reichte. 1938 war letztmals 'normale' Saison mit 3800 Gästen; danach ließen sich statt der Badeurlauber Militärs, Techniker und Wissenschaftler als Dauergäste nieder. Flugabwehrgeschütze prägten die mondäne Promenade, und auf der Straße nach Zempin wurde eine Raketenabschußrampe installiert.

Bei dem großangelegten Luftangriff englischer Bomberflotten im August 1943, der dem Raketenzentrum Peenemünde und der dazugehörigen Wohnsiedlung Karlshagen galt, blieb der Ort unversehrt. Anstelle der zerstörten Siedlung Karlshagen wurde Zinnowitz nun »Wohnort der Peenemünder«, bis Anfang 1945 der größte Teil des Raketenprojekts in unterirdische Produktionsstätten nach Mitteldeutschland verlegt wurde.

Nach der Gründung der DDR wurde recht bald der Badebetrieb wieder aufgenommen: Nun aber als Erholungsstätte für die Werktätigen. In Zinnowitz hatte sich einer der reichsten Betriebe der DDR, die sowjetisch-deutsche Aktiengesellschaft (SDAG) Wismut, eine Vielzahl von Häusern und Grundstücken gesichert, so daß ab 1953 vorzugsweise Uranbergleute mit ihren Familien hier ihre Ferien verbrachten. Zur Hoch-Zeit des DDR-Tourismus besuchten weit über 70 000 Urlauber im Jahr Zinnowitz.

Mit hohen Investitionen der Wismut AG wurde in Zinnowitz ein Ferienzentrum aufgebaut, das in der DDR seinesgleichen suchte. So kann der Ort heute relativ hoffnungsvoll in die marktwirtschaftliche Zukunft blicken: Das moderne Meerwasserschwimmbad, das Großhotel »Baltic«, die modernen Sportanlagen, auf denen z.B. Katrin Krabbe sich auf ihre Goldmedaillen in Tokio 1991 vorbereitete, sind auch heute attraktive Anziehungspunkte.

STADTRUNDGANG

Wir gehen die schmucke Karl-Marx-Straße Richtung Ostsee und kommen direkt zum Zentrum der Strandpromenade. Hier ist die Plattform der ehemaligen Landungsbrücke ein beliebter Aussichtspunkt. Man schaut die sanft geschwungene Küste der Insel entlang, und bei gutem Wetter sieht man im Norden die Greifswalder Oie, eine kleine vorgelagerte Insel. Mit dem winzigen Eiland hat man, wie ein deutsches Nachrichtenmagazin kürzlich berichtete, Großes vor: »Ganz uneigennützig«, wie der belgische Unternehmer Carl von Basel betont, will er die Insel kaufen und den vereinigten Deutschen dort »eine Totenstadt errichten, eine 'nationale Nekropole' mit arenaförmig angeordneten Grüften und einem Denkmal in der Mitte«. Im Wettbewerb um den skurrilsten Vorschlag zum Aufschwung Ost wird dieses Projekt sicherlich auf einem der vordersten Plätze zu finden sein. Morituri te salutant, Oie!

Eine gute Fernsicht benötigt man schon, will man im Norden Rügen sehen; mitunter kann man sogar die Kreidefelsen von Stubbenkammer erahnen. Auf der Plattform befinden sich ein Kiosk und das stilvolle Strandcafé »Zur Düne« (geöffnet bis 22 bzw. 23 Uhr, Mi. Ruhetag). Am Strand neben der Rettungsschwimmerstation kann man Strandkörbe mieten. An der Ost-

Munteres Strandleben

seite der Promenade mit altem Kiefernbestand, schönen Hecken und einer großzügigen Grünanlage sehen wir den weißen Musikpavillon mit Rosenrondell und Bänken. Gegenüber befindet sich ein Schaukasten mit Wegweisern und einem Informationsplan über Wanderwege in die nähere Umgebung. Hier stehen einige Ferienhotels, so das »Zentralhotel«, und das Hotel »Ostseeblick«, beide mit schöner, großer Terrasse. Am Ende der Promenade beginnt ein Wanderweg auf weichem Waldboden nach Zempin (3,5 km) und Koserow (7 km).

An der Westpromenade befinden sich in der gepflegten Grünanlage ein Großschach, ein Minigolf und ein großer Kinderspielplatz. Auch hier findet man Ferienhotels, das »Schwabe« mit sehr eigenwilliger Architektur, das Hotel »Seestern« mit Restaurant (7.30-23 Uhr), ein durch frischen weißen Anstrich wie neu glänzendes Haus mit eleganten taubenblauen Zierstreifen, und das alte Hotel »Düne« mit großem Garten. Gegenüber liegt ein alter Fischkutter in den Dünen, der Restauration bietet. Den Abschluß der Promenade bildet das »Baltic«, das größte und komfortabelste Hotel der Stadt (300 Gästezimmer mit Dusche/WC, Kegelbahnen, Kosmetik- und Friseursalon,

Restaurant und Bar mit Tanz am Wochenende), erbaut in der zweiten Hälfte der 70er Jahre mit gewiß nicht unerheblichem Devisenaufwand für den IG Wismut-Feriendienst. Der gigantische Klotz, der sich keineswegs harmonisch in die Landschaft einfügt, überrascht im Innern mit gediegener Eleganz. Dem Hotel angebaut ist das große Meerwasserschwimmbad (25 m-Bahn, Kinderbecken, 2 Saunen, Bar). Kann man guten Gewissens behaupten, daß das »Baltic« den vielbeschworenen »westdeutschen Standard« repräsentiert, so gilt das allerdings auch für die Preise in diesem Hause.

Über die Karl-Marx-Straße gelangt man an alten Hotels und Erholungsheimen, Villen und Stadthäusern vorbei ins Zentrum, wo ein hübscher Stadtpark mit alten, riesigen Buchen angelegt ist. Das unvermeidliche Kriegerdenkmal für die Gefallenen des 1. Weltkrieges steht gleich am Eingang. Hinter dem Park ruht das 1956/57 in stalinistisch-neoklassizistischem Stil erbaute Kulturhaus und dämmert seiner weiteren Verwendung entgegen. Eingeschlagene Fensterscheiben, eine verrottete Freitreppe, altdeutsche Graffitis und ein halb umgefallener Zaun bieten ein unansehnliches Bild des fortschreitenden DDR-Kulturverfalls. Dieses Haus war einstmals der Mittelpunkt des Kulturlebens im Nordteil der Insel. Es beherbergte eine Bibliothek, zahlreiche Clubräume, Kinos und ein Theater. Hier traten renommierte Künstler auch aus dem westlichen Ausland auf. Was nun mit dem stalinistischen Erbe geschehen soll, steht in den marktwirtschaftlichen Sternen. Daß man den Kulturklotz nicht so leicht wird »abwickeln« können, dürfte allerdings klar sein. Erste zaghafte Maßnahmen zum Erhalt des Baus sind im November '91 bereits abzusehen.

Rechter Hand des Kulturhauses steht ein kleiner Kiosk mit Café und Imbiß und einer schönen, ruhigen Terrasse. Gegenüber dem Park finden sich neben dem neuen Supermarkt kleine Geschäfte in niedlichen Villen. Wo die Karl-Marx-Straße in die Wilhelm-Pieck-Straße mündet, steht das Postamt. Von hier aus sieht man die Zinnowitz weithin überragende Kirche, deren Backsteinfassade das Abendrot intensiv zurückwirft. Die W.-Pieck-Straße weiter biegen wir kurz hinter dem Klubkino links in die Kirchstraße ein und steigen hügelan bis zum kleinen Kirchplatz. Die 1895 erbaute evangelische Kirche weist eine harmonische Mischung aus Buntglasfenstern, Backstein und Holzarbeiten auf.

Vor der Kirche wenden wir uns nach rechts und bummeln die von schmucken Villen gesäumte Ernst-Thälmann-Straße entlang bis zur Einmündung in den Glienbergweg, dem wir nach links folgen bis zur Wilhelm-Potenberg-Straße, der wohl schönsten Straße in Zinnowitz. Umgeben von großzügigen Gärten liegen hier in der ruhigen Seitenstraße prächtige Villen abwechselnd mit bescheideneren Häusern im Seebäderstil. An der schönen klassizistischen Apotheke vorbei gelangen wir wieder ins Zentrum des Städtchens.

SPAZIERGANG

Ein etwas ausgedehnterer Spaziergang führt zum Achterwasser. Ausgehend vom Postamt gehen wir ein kurzes Stück auf der Johannes-ter-Morsche-Straße entlang, bis die W.-Potenberg-Straße rechts abzweigt. An deren Ende wenden wir uns links in den Glienbergweg und nach ca. 50 m gleich wieder rechts in die Frankstraße. Am Wäldchen entlang laufen wir den leicht geschwungenen Plattenweg am Wasserwerk vorbei bis zur nächsten Abbiegung nach rechts, überqueren die Eisenbahngeleise und gehen direkt danach links durch die Wiesen bis zur Tankstelle an der B 111. Schräg gegenüber führt eine alte Kopfsteinpflaster-Allee etwa 200 m bis an den Hafen von Zinnowitz. Hier liegt der kleine Ausflugsdampfer »Sahib«, mit dem man eine Fahrt auf dem Achterwasser unternehmen kann, hier dümpeln geschützt vor rauhen Seewinden die Segelboote und -yachten des Yachtclubs Zinnowitz, und hier mag man gerne einkehren im Café »Oase« mit seiner kleinen Terrasse am Wasser.

WANDERUNGEN UND AUSFLÜGE

Eine Vielzahl von Wander- und Ausflugsmöglichkeiten bietet sich von Zinnowitz aus an. Ausgehend von der Strandpromenade kann man entweder am breiten Sandstrand oder durch die dicht bewaldeten Dünen auf dem Küstenwanderweg (waagerechter blauer Balken) Richtung Nordwesten nach Trassenheide (3,5 km) und nach Karlshagen (7,5 km) wandern. Richtung Südosten liegt Zempin in 3,5 km Entfernung und bis nach Koserow muß man knapp 7 km laufen (in allen Orten Bahnanschluß).

1. *Küstenwanderung zur Wolgaster Fähre (ca. 11 km)*
Der Küstenwanderweg führt parallel zum Strand nach Trassenheide, durch den Küstenwald nach Karlshagen, von dort zum Hafen Karlshagen am Peenestrom und an seinem Ufer entlang über den Flecken Zecherin nach Mahlzow bis zum Bahnhof Wolgaster Fähre. Von hier zurück mit der Inselbahn nach Zinnowitz.

2. *Zu den Salzhütten nach Koserow (ca. 7 km)*
Am Strand entlang oder über den Hauptwanderweg (blauer Balken) durch die Dünen gelangt man nach Koserow. Unbedingt empfehlenswert ist hier ein Besuch der Salzhütten. Kurz vor Koserow, wo eine wasserwirtschaftliche Anlage (auch so beschildert) im Meer steht, führt ein Pfad mit Wegweiser durch die Dünen zu den kleinen Reethäusern. Ab April/Mai hat von 11-23 Uhr in einer der ehemaligen Fischerhütten ein Restaurant geöffnet. Im Inneren gibt es nur einige wenige Tische; bei schönem Wetter kann man draußen sitzen. Angeboten wird frischer Fisch aus der Pfanne mit Bratkartoffeln. – Die Geschichte der Salzhütten ist im Kapitel »Koserow« aufgenommen.

3. *Deichwanderung nach Zempin (ca. 10 km)*
Eine ebenfalls etwas längere Wanderung führt nach Zempin zur schmalsten Stelle der Insel. Wir gehen wie im Spaziergang (s.o.) beschrieben zum Seglerhafen von Zinnowitz, wenden uns hier nach links und gelangen auf dem niedrigen Deich am dicht mit Schilf bestandenen Achterwasser entlang bis nach Zempin. Ein kurzer Blick ins Dorf kann nicht schaden. Kleine reetgedeckte Fischerhäuser ducken sich in den pommerschen Sand, am kleinen

Hafenbecken dümpeln Fischerboote; Netze und Reusen hängen zum Trocknen auf Holzgestellen. Der Hafenkater beschwert sich lautstark über die eintönige Speisekarte: Schon wieder Fisch... Die Saatkrähen kreisen aufgeregt über ihrem Schlafbaum, keinen kümmert's. Wir aber müssen weiter auf dem Deich wandern, bis wir uns den Bahngeleisen nähern. Hier liegt direkt am weit in die Insel hineinreichenden Achterwasser die Galerie Holstein-Niemeyer. Zwischen dem Galeriegrundstück und den Eisenbahngeleisen führt ein kleiner Trampelpfad hindurch, der sich hinter dem Haus nach rechts wieder zum Deich wendet. Von hier ist es nicht mehr weit zum »Forsthaus Damerow« (links führt ein Plattenweg vom Deich hinunter), wo vorzügliche Wild- und Fischgerichte angeboten werden. Gestärkt gehen wir die kurze Zufahrt Richtung B 111, überqueren diese und erreichen auf einem kleinen Waldweg den Ostseestrand, wo wir entweder über den Dünenweg oder am Meer entlang nach Zinnowitz zurückgelangen.

Tagesausflug nach Krummin und dem Wolgaster Ort:
18 km Wanderung oder Radtour

Von Zinnowitz aus fahren wir mit der Inselbahn Richtung Wolgaster Fähre bis zum Bahnhof Bannemin-Mölschow (2 Stationen). Hier wenden wir uns vom Ort weg nach Süden und überqueren nach 1 km die B 111. Die Straße nach Krummin führt kurz durch ein dunkles Waldstück und öffnet sich dann zu einer beeindruckenden Lindenallee, der mit etwa 2 km und 300 Bäumen angeblich längsten Vorpommerns. **Krummin**, 1230 erstmals urkundlich erwähnt, war zwei Jahrhunderte lang Sitz des Zisterzienserinnenordens. Nach einer Vielzahl von Besitzerwechseln ging Krummin in Erbpacht an die Familie Corswand, die hier ein Rittergut errichtete.

Der Ort wird weithin sichtbar überragt von der Backsteinkirche, mit deren Bau im 14. Jh. begonnen wurde. Sie steht in der Dorfmitte, von hohen Bäumen umgeben. Im Innern birgt sie die Reste eines alten Marienaltars. Gegenüber der Kirche bietet die Gaststätte »Bauernstube« einfache Speisen. Dieses Haus ist über Jahrhunderte hinweg das Pfarrhaus gewesen. Hier verfaßte Johann Wilhelm Meinhold seinen Roman »Die Bernsteinhexe«.

Im Ortskern tummelt sich munter das Federvieh. An der Krumminer Wiek, im Schatten der Kirche, entsteht seit 1991 ein kleiner Yachthafen, der ein Anziehungspunkt für Begüterte werden soll. Aufschwung überall.

1. *Wanderungen in den Wolgaster Ort*

Von Krummin aus lohnen sich Wanderungen in das eiszeitlich geprägte Grundmoränengebiet des Wolgaster Ort. In südwestlicher Richtung gelangt man auf einem Fahrweg nach Neeberg, einem alten slawischen Runddorf, von wo eine kleine Straße durch die weite Ebene dieser Halbinsel führt. Nach etwa 2 km erreichen wir den Bahnhof Wolgaster Fähre. Von Neeberg aus verläuft ein schmaler Uferweg nach Ziemitz am Peenestrom. Dieser ist momentan noch Privatweg, wird aber im nächsten Flächennutzungsplan als Wanderweg ausgewiesen.

In dem beschaulichen Örtchen Ziemitz gehen die Uhren im Rhythmus des Peenestroms – also gemächlich. Einkehr lohnt im Café Francke, täglich geöffnet ab 13 Uhr. Die Straße entlang über Sauzin, wo wir am Horizont die hochaufragenden langfingrigen Kräne der Wolgaster Peenewerft sehen, gelangen wir nach Mahlzow (Bahnhof Wolgaster Fähre), von wo wir mit der Bahn nach Zinnowitz zurückkehren.

2. *Gnitzwanderung von Krummin aus*

Eine weitere Wandermöglichkeit ergibt sich nach Osten zum .i.**Gnitz**;. In Krummin wählt man die Abzweigung beim Haus der Gemeindeverwaltung, geht vorbei an den kleinen, reetgedeckten Fischerhäusern und gelangt dann auf einem Fahrweg (halb Platte, halb Sand, für Radfahrer nur bedingt geeignet) durch eine weite Ebene zum »Arm« des Krumminer Wieks, über den eine kleine Brücke mit einem Schöpfwerk Richtung Gnitz führt. Durch feuchte Wiesen führt der Plattenweg bis zum Fuß des schon von weitem sichtbaren bewaldeten Hügels. Hier biegen wir links in den Waldweg ein (Markierung: waagerechter grüner Balken), der entlang dem steilen Abhang direkt ins Eichholz, ein schönes, dichtes Wäldchen, führt. Dem verschlungenen Weg folgend gelangen wir bei der Bollbrücke (siehe nächste Wanderung) auf die Straße nach Zinnowitz, auf der wir zum Ausgangspunkt zurückkehren.

Tagesausflug zum Gnitz: ca. 24 km Wanderung oder Radtour

Die Gegend mit diesem seltsamen Namen ist eine sanfthügelige Landschaft auf einer sich weit ins Achterwasser erstreckenden Halbinsel südlich des Seebades Zinnowitz. Hier war einer der frühesten Siedlungsschwerpunkte im Norden Usedoms.

Der Gnitz

Vom Bahnhof Zinnowitz startet auch dieser Ausflug. Wir halten uns rechts, gehen auf der Alten Strandstraße und setzen nach Überquerung der B 111 den Weg auf der Neuendorfer Straße fort. Nach etwa 500 m sehen wir rechter Hand auf einem Hügel den Zinnowitzer Friedhof. Weiter auf der Straße bis zum Waldrand, wo ein Hinweisschild auf die alte »Bollbrücke« verweist. Die unspektakuläre Überquerung eines Entwässerungsgrabens läßt kaum ahnen, daß hier im 13. Jh. ein breiter Wasserarm den Gnitz von der Insel trennte. Nach 200 m zweigt rechts ein Waldweg ab, dem wir durch den wundervollen Mischwald, das Eichholz, folgen. Wir halten uns links und gelangen schließlich am Fuß des bewaldeten Hügels an eine Abzweigung: Rechts geht's auf gerader Fläche weiter bis zur Einmündung in den Plattenweg an der Küste und dem Fischerhaus mit kleinem Hafen, wendet man sich links, so biegt man nach 100 m rechts in den Wald hinauf und kann oben vor der Schonung wieder rechts bis zum Hügelabhang laufen, wo ein Weg mit schönem Ausblick über das Krumminer Wiek hinunter zu den einsam gelegenen Häusern führt, hinter denen wir rechts auf den Plattenweg am schilfigen Ufer gelangen. Der leidlich gute Weg windet sich durch sanfthügelige Felder bis zu den Gewächshäusern der Neuendorfer LPG, deren Blumenzucht nach Auskunft eines Anwohners »wohl nix mehr wird«. Früher, genauer vom 14. Jh. bis 1945, befand sich der gesamte Gnitz im Besitz derer von Lepel, ihres Zeichens pommersche Großgrundbesitzer. Deren Hauptsitz war Neuendorf. Rechter Hand steigt der Weg sanft zum Mühlberg an und führt durch einen der landschaftlich reizvollsten Teile Usedoms, hügelig durch Felder und Waldstücke, bis zur Steilküste oder dem Campingplatz (A 150) mit weit über 1000 Plätzen. Hier kann man sich mit Bratkartoffeln und anderen deftigen Gerichten stärken, bevor es die Asphaltstraße bergab nach Lütow geht. Eine Alternative ist der etwas weitere, aber schönere Weg die Steilküste entlang durchs Naturschutzgebiet ebenfalls nach Lütow. Von hier aus hat man einen weiten Blick über das Achterwasser und die Peene auf den Lieper Winkel und die Festlandsorte Wehrland und Lassan.

Von Lütow aus biegen wir an der Einmündung der Straße zum Campingplatz auf die Hauptstraße (Umspannhäuschen) nach Osten in den kleinen Feldweg ein, wo wir nach etwa 200 m linker Hand hinter Büschen versteckt ein umfangreiches Großsteingrab finden, das größte auf Usedom. Weiter führt der Weg etwa 3 km bis nach **Netzelkow**, dem Geburtsort Meinholds. Der kleine Flecken weist als Sehenswertes nur die spätmittelalterliche Kirche mit dem freistehenden Glockenstuhl aus geschwärzten Holzbalken auf, dessen Glocken aus dem 15. Jh. stammen sollen. Ansonsten ist das Wort Idylle eine glatte Untertreibung: Gänse schnattern durch den Kirchgarten, schwarz-weiß getupfte Katzen beäugen mäßig interessiert die fremden Ankömmlinge. Zwei kleine Dorfbengel plaudern belustigt ihre letzten Streiche aus; nachts an die geschlossenen Rolläden der Nachbarn zu klopfen ist für sie viel spannender als das auch hier unvermeidliche Schüsselfernsehen.

Wer genug gewandert ist, marschiert 1 1/2 km die Plattenfahrstraße nach Neuendorf, von wo ein Bus nach Zinnowitz verkehrt. Gute Wanderer oder Fahrradfahrer folgen dem holprigen Fahrweg nach Norden durch

Weiden und Äcker, auf denen etwas überraschend ein paar Ölförderanlagen im Usedomer Rhythmus auf- und niedernickend ihre Pflicht tun, bis zur zweiten Abzweigung nach rechts, die über einen schmalen Damm zur Halbinsel **Görmitz** führt. Auf diesem künstlichen Verbindungsweg hat man einen wunderschönen Blick nach rechts über die Bucht »Die Twelen« und den östlichen Gnitz, nach links über das Achterwasser auf das Loddiner Höft. Hier gehen zu fast allen Tageszeiten Angler ihrem beschaulichen Tagwerk nach, ob es sich allerdings um lohnende Fischgründe handelt, konnten wir nicht ermitteln.

Eine kleine Schranke hält Autos, die es bis hierher geschafft haben, von der Einfahrt auf die Görmitz ab, Fußgänger und Radfahrer haben aber auf die von Wiesen und hohen Baumgruppen geprägte Halbinsel freien Zugang.

Zurück führt der Weg wieder durch Äcker und Wiesen bis zum schon bekannten Wäldchen Eichholz und mündet schließlich kurz vor der Bollbrücke auf die Straße retour nach Zinnowitz.

DIE SCHLANKE MITTE

Zempin – Koserow – Kölpinsee / Loddin – Ückeritz

AUSKÜNFTE	Fremdenverkehrsamt Koserow, Hauptstr. 5, O-2225 Koserow, Tel. und FAX 231 Kurverwaltung Kölpinsee, Strandstr. 23, O-2224 Loddin, Tel. 214 Kurverwaltung Ückeritz, Bäderstr. 4, O-2235 Ückeritz, Tel. 265 Fremdenverkehrsamt Zempin, Fischerstr. 1, O-2237 Zempin, Tel. 21 62
SEHENSWERTES	Salzhütten Koserow, am westl. Ortsausgang Dorfkirche in Koserow Otto Niemeyer-Holstein-Gedenkatelier, an der B 111, Di-Do 10-11 und 14-15 Uhr, Sa und So nach tel. Anmeldung, Tel. Koserow 213
HOTELS	**Zempin**: Hotel »Wikinger«, Seestr. 6, Tel. 21 95 Ferienheim »Dünenhaus«, Oberförsterweg 16, Tel. 21 51 **Kölpinsee**: »Zur Ostsee«, Strandstr. 14, Tel. 296 IFA Kur- und Ferienpark, Strandstr. 3, Tel. 217
GASTSTÄTTEN	**Koserow:** Hotel und Ausflugsrestaurant »Forsthaus Damerow« (an der B 111) »Salzhütten Koserow«, am westlichen Ortsausgang, Apr./Mai bis Okt. 11-23 Uhr »Kelch's Speisegaststätte«, Karlstr. 9, Tel. 458, 11.30-14.30, 18-24 Uhr »Seeblick«, Am Strand 2, Tel. 286, tägl. geöffnet **Kölpinsee:** »Zur Ostsee«, Strandstr. 14 **Loddin:** Restaurant »Waterblick« **Ückeritz:** »Deutsches Haus«, Hauptstraße **Zempin**: »Meeresblick«, Waldstraße
CAMPING	Campingplatz Zempin, Tel. 27 06, 150 Plätze Campingplatz »Am Sandfeld«, Koserow, Tel. 359, 100 Plätze Campingplatz »Am Strand«, Ückeritz, Tel. 923, 800 Plätze

ÜBERBLICK

Auf einer Landenge im mittleren Teil der Insel liegen einige eher unauffällige Orte, die als Fischer- und Bauerndörfer am Achterwasser gewachsen sind. Obwohl der Tourismus auch diese Orte erreicht hat, sind es die traditionellen Strukturen, die sie prägen. Der besondere Reiz der »schlanken Mitte«, die vor Zempin beginnt und bis Ückeritz reicht, beruht auf der Nähe zum Achterwasser und zugleich zur Ostsee. Nur etwa 1,5 bis 2 km breit ist das Land zwischen den beiden Küsten, die landschaftlich völlig unterschiedlich gestaltet sind und dadurch abwechslungsreiche Wanderungen ermöglichen. Der Streckelsberg zählt mit zu den attraktivsten Stellen der Insel, und ein Besuch der Salzhütten bei Koserow bildet ebenso wie die Besichtigung des Niemeyer-Holstein-Gedenkateliers ein kleines Kulturereignis. Urlauber, die hauptsächlich Ruhe und Erholung suchen, können sich hier in einigen wenigen größeren Hotels einmieten oder auch auf ein relativ umfangreiches Angebot an empfehlenswerten privaten Unterbringungsmöglichkeiten zurückgreifen.

ZEMPIN

Der unspektakuläre kleine Ort kann von sich behaupten, die Siedlung nahe der schmalsten Stelle der Insel Usedom zu sein. Nahe dem Ort, wo zwischen Achterwasser und Ostseestrand nur dreihundert Meter Land liegt und wo heute das Holstein-Niemeyer-Gedenkatelier steht, teilte 1847 ein Sturmhochwasser die Insel in zwei Hälften. Heute soll ein von Zinnowitz bis Koserow verlaufender Deich, der allerdings nicht die Höhe von Nordseedeichen erreicht, die Einwohner in ähnlich stürmischen Zeiten schützen. An normalen, katastrophenfreien Tagen empfiehlt sich eine Wanderung auf dem Deich, der an den schilfbestandenen Buchten des Achterwassers entlangführt (siehe Wanderung von Zinnowitz). Hier, dem Achterwasser zugewandt, liegt auch der alte Dorfkern von Zempin. Die weißgestrichenen Reethäuser leuchten dem Wanderer entgegen, und ein paar hundert Meter weiter trifft man auf einen kleinen Hafen, wo langgezogene Reusen zum Trocknen in der Sonne hängen und mäßig interessierte Katzen auf der Suche nach zurückgelassenen Fischen herumstreunen. Auf der Ostseeseite des Dorfes befinden sich einige Hotels und Restaurants, ursprünglich Ferienheime größerer DDR-Kombinate. Diese Seite hat eher Badeortcharakter, doch ruhig und erholsam ist es auch dort. Wer sich in Zempin einquartieren will, findet daneben auch zahlreiche Privatunterkünfte.

Tip: Im sehr schön im Wald gelegenen Forsthaus Damerow (an der B 111 zwischen Zempin und Koserow), einem Hotel und Ausflugsrestaurant, kann man sehr gut essen (Fisch- und Wildspezialitäten).

KOSEROW

3 km von Zempin entfernt liegt Koserow auf einem schon etwas breiteren Streifen Land: 1500 Meter trennen hier die Ostsee vom Achterwasser. Im Zentrum des alten Ortsteils steht eine sehenswerte Feldsteinkirche aus dem 13. Jh., die im 15. Jh. durch einen Turm und einen Altarteil erweitert wurde. Das dank Renovierungen gut erhaltene Gebäude ist von einer ebenfalls im 13. Jh. errichteten Findlingsmauer umgeben. Die Kirche steht heute unter Denkmalschutz. Rund um die Kirche führt grobes Kopfsteinpflaster zu den verwinkelt angelegten Häusern.

Literaturhistorische Bedeutung hat die Kirche als Wirkungsstätte des Pfarrers und Dichters J. Wilhelm *MEINHOLD* (1797-1851), der von 1821 bis 1827 hier seelsorgerisch tätig war. Als Autor des Romans »Die Bernsteinhexe« (1843) ist er der bekannteste Schriftsteller der Insel. Mit dem umständlichen Titel des Werks »Maria Schweidler, die Bernsteinhexe. Der interessanteste aller bisherigen Hexenprozesse nach einer defekten Handschrift ihres Vaters, des Pfarrers Abraham Schweidler in Coserow auf Usedom« gibt Meinhold sich als Herausgeber einer alten Handschrift aus. Er habe, so erklärt er im Vorwort, die Geschichte in einem alten Folianten aus dem 17. Jh. gelesen, den er unter dem Chorgestühl der Koserower Kirche gefunden habe. Erzählt wird die Geschichte der schönen jungen Pfarrerstochter Maria Schweidler, die am Steilufer des Streckelsbergs eine reiche Bernsteinader findet.

Zu Nachmittag war sie, verstehe mein Töchterlein, in den Streckelberg gangen, um Brummelbeeren zu suchen, weilen der alte Paassch ihr hatte durch die Magd sagen lassen, daß es dorten noch einige Büsche hätte. Die Magd hackete Holz auf dem Hofe, wozu sie sich den alten Paassch sein Beil geliehen, denn meines hatten die kaiserlichen Schnapphähne verworfen, da es nirgend nit zu finden; ich selbsten aber wandelte in der Stuben auf und abe und sanne meine Predigt aus: als mein Töchterlein mit hoher Schürzen bald wieder in die Türe fuhr, ganz rot und mit funkelnden Augen, konnte aber für Freuden nichts mehr sprechen denn: »Vater, Vater, was hab ich?« »Nun«, geb ich zur Antwort: »was hastu denn, mein Kind?«, worauf sie die Schürze voneinander tät und trauete kaum meinen

Augen, als ich vor die Brummelbeeren, so sie zu holen gangen war, darinnen zween Stücke Birnstein glitzern sah, ein jegliches fast so groß denn ein Mannskopf, die kleinen Stücklein nit gerechnet, so doch auch mitunter die Länge meiner Hand hatten, und habe ich weiß Gott keine kleine Hand.

Pfarrer und Tochter verkaufen die Steine und lindern mit dem 'Gottesreichtum' die eigene bittere Not und die der Gemeinde. Doch der unerwartete Reichtum bringt der Pfarrerstochter kein Glück; sie gerät in den Ruf einer Hexe und wird zum Tod auf dem Scheiterhaufen verurteilt. Turbulente Ereignisse führen dann doch noch zu einem glücklichen Ausgang.

Der Roman, im Chronikstil des 17. Jh. geschrieben, begeisterte und beeindruckte viele Zeitgenossen. Selbst der sonst so scharfsinnige Heinrich Heine war von der Echtheit des Romans überzeugt – und irrte. Angesichts des unerwartet großen Erfolgs, den das Werk binnen kurzem erreichte, bekannte sich Meinhold zu seiner Autorenschaft und erklärte:

»Es schien mir nämlich eine wohl zu entschuldigende Mystifikation, wenn ich unserer klugen Zeit auch einmal eine Nase drehen könnte, ...wenn ich bei meiner Bekanntschaft mit dem alten Chronikstil, einer reinen Dichtung ganz das Gewand der historischen Wahrheit umhinge und sie für solche in die Welt sendete.«

Auf Lob und Ehr folgten nun vornehmlich Schmäh und Schande, denn die getäuschten Verehrer des Romans nahmen dem Autor diesen Schwindel sehr übel.

Weitaus weniger bekannt sind Meinholds »Vermischte Gedichte« (1824), »Miniaturgemälde von Rügen und Usedom« (1830) oder »Humoristische Reisebilder von Usedom« (1831). Heimat- und geschichtsgebundene Motive verbinden sich in diesen Werken mit theologischen Interpretationen.

Von ganz besonderem landschaftlichen Reiz ist der bei Koserow gelegene **Streckelsberg**. Mit seinen 56 Metern bildet er eine der höchsten Erhebungen Usedoms. Spaziert man andernorts meist durch niedriges Dünengelände zu flachen Sandstränden, so steht man auf der Kuppe des Streckelsberges an einer schroff zum Meer hin abfallenden Steilküste. Seit 1961 steht die Region unter Naturschutz, um die alten Buchenbestände und die vom Aussterben bedrohten seltenen Orchideenarten zu erhalten. Am höchsten Punkt des Berges steht wie ein riesiger vom Himmel gefallener Würfel ein umgekippter Bunker. Dieses Gebäude diente während des Faschismus den Raketenentwicklern von Peenemünde zur Funkmeßverfolgung abgeschossener

Blick vom Streckelsberg nach Süden

Projektile. Nach Kriegsende wurde dieser Bunker gesprengt, doch bei der sprichwörtlichen Solidität militärischer Bauwerke kippte der kantige Klotz aus seinen Fundamenten in seine heutige Schräglage. Da steht er nun mit Graffitis verziert und zeugt von der militärischen Grundlage der Weltraumfahrt.

Am Fuß des Streckelsbergs wurde in den 90er Jahren des letzten Jahrhunderts eine Küstenschutzanlage errichtet. Zusammen mit einem umfangreichen Buhnensystem sollte die 320 m lange Betonmauer die andauernde Abtragung der Steilküste verhindern. Wegen der heute einsturzgefährdeten Mauer ist dieser Strandabschnitt gesperrt. In Richtung Bansin ist vor nicht allzulanger Zeit ein großer Abschnitt der Steilküste abgebrochen. Hier zeigen sich sehr deutlich die Folgen der Herbst- und Winterstürme, die neben dem Wind dauernd an der Insel nagen.

Etwa 4 km vor der flachen Küste kann man an der etwas stärkeren Brandung das sagenumwobene **Vinetariff** erkennen. Hier liegen Granitblöcke im immer noch recht flachen Wasser, an denen sich zahlreiche Fischer ihre Netze zerrissen hatten, und die sogar etlichen Booten und Schiffen zum Verhängnis geworden waren. Die vielfältigen phantasiereichen Spekulationen, nach denen die Steine Überreste einer versunkenen Stadt von unermeßlichem Reichtum sein sollen, wollen wir hier nicht wiedergeben. Wie Ingrid und P. Werner Lange in ihrer Forschungsarbeit »Vineta. Atlantis des Nordens« nachgewiesen haben, gehören diese Überlegungen ebenso ins Reich der Phantasie wie die berühmte und zweifellos schöne Vinetasage:

An der Ostseeküste der Insel Usedom soll vor vielen, vielen Jahren eine große, reiche Handelsstadt mit Namen Vineta gelegen haben. Es heißt, sie habe im Meer vor dem Streckelsberg gelegen, wo sich heute das sogenannte Vinetariff befindet. Diese Stadt ist einst größer und reicher gewesen als irgendeine Stadt in Europa, und ihre Einwohner waren über alle Maßen wohlhabend, da sie mit allen Völkern der Erde Handel trieben und ihre Schiffe die schönsten und kostbarsten Waren nach Hause brachten.

Doch der Reichtum der Stadt machte ihre Bewohner stolz, hochmütig und gottlos. Zu den Mahlzeiten nahmen sie nur die feinsten Speisen, sie tranken nur aus goldenen oder silbernen Bechern. Sie ließen auch die Hufe ihrer Pferde nur mit Edelmetall beschlagen und die Schweine aus goldenen Trögen fressen.

Aber der Übermut sollte nicht ungestraft bleiben. Drei Monate, drei Wochen und drei Tage vor dem Untergang Vinetas erschien eine Wasserfrau vor der Stadt aus dem Meer und rief dreimal mit greller, schauerlicher Stimme:

»Vineta, Vineta, du rieke Stadt,
Vineta soll untergahn,
wiel deß se het väl Böses dahn!«

Die Warnung der Wasserfrau blieb unbeachtet, und die Bewohner Vinetas lebten weiterhin in Saus und Braus. In einer stürmischen Novembernacht brach dann eine verheerende Sturmflut über die Stadt herein, die alle Häuser und alle Menschen unter sich begrub.

Einen Besuch wert sind auch das Holstein-Niemeyer-Gedenkatelier, besonders für Freunde der Malerei, und die Salzhütten von Koserow (mit Fischrestaurant und kleinem Museum). Sie wurden 1820 im Zuge der Förderung der Strandfischerei angelegt. Ursprünglich dienten sie als Lager für steuerfreies, von der Regierung geliefertes Steinsalz. Während der Heringsfangzeit

1985
Seebrücke
AHLBECK

AHL023

TW
1

wurden in den Hütten unter staatlicher Aufsicht Heringe gesalzen und verpackt, weshalb man sie auch »Heringspackhütten« nannte. Als die Heringssalzerei auf Usedom Ende des 19. Jh. an Bedeutung verlor, wurden die Salzhütten von den Fischern als Arbeitsstätten und Lager für ihre Netze genutzt. 15 dieser Fischerhütten gab es um 1900 in Koserow. Die wenigen noch erhaltenen stehen seit 1987 unter Denkmalschutz. In einem der kleinen Reethäuser ist ein Restaurant eingerichtet, das Fisch aus der Pfanne mit Bratkartoffeln anbietet. Im Innern stehen nur einige wenige Tische; bei schönem Wetter kann man draußen sitzen.

Als Übernachtungsmöglichkeiten bietet Koserow kleinere Hotels und empfehlenswerte Privatunterkünfte.

Tip: Auch in »Kelch's Speisegaststätte« in der Karlstraße 9 kann man vorzüglich Fisch essen.

KÖLPINSEE

An der Kreuzung der B 111 mit der Straße von Kölpinsee nach Loddin muß man sich entscheiden: Zur einen Seite führt sie nach Loddin ans Achterwasser, zur anderen nach Kölpinsee ans Meer. Ein Blick in die Geschichte erinnert an die Zusammengehörigkeit der beiden Siedlungen. **Loddin**, 1270 als »Loddino« erstmals erwähnt, ist das alte Dorf. Auch heute herrscht hier noch rege landwirtschaftliche Betriebsamkeit. Wer gerne schöne Dörfer sieht, wird hier an den zahlreichen und vielgestaltigen Reethäusern Freude haben. Ein Kleinod ist die Halbinsel **Loddiner Höft**, nicht nur wegen der imposanten Steilküste, sondern auch wegen des weiten Blicks über das Achterwasser bis aufs Festland. Eigentlich möchte man wünschen, daß sich nur wenige Urlauber auf den Weg in diese idyllische Landschaft machen.

Um ebenfalls am aufblühenden Ostseetourismus partizipieren zu können, errichtete die Gemeinde Loddin um die Jahrhundertwende Hotels und Gaststätten an der Seeseite, aus denen sich ein neuer Ortsteil entwickelte. Als »Kolonie Kölpinsee« wurde er 1910 amtlich als Ortsteil von Loddin ins Dorfregister eingetragen. Auch heute noch unterstehen Loddin und Kölpinsee, obwohl fast zwei Kilometer auseinanderliegend, einer gemeinsamen Kommunalverwaltung.

Kölpinsee entwickelte sich zu einem beliebten Urlaubsort, einerseits wegen seiner attraktiven Lage – in unmittelbarer Waldnähe, am Kölpinsee und an der Ostsee –, andererseits wegen des ruhigen Charakters, den sich der Ort bewahrt hat.

Campingfreunden ist der große und idyllisch im Wald gelegene Campingplatz Kölpinsee-Stubbenfelde zu empfehlen.

Tip: Vom Restaurant »Waterblick« in Loddin hat man einen schönen Blick über das Achterwasser.

ÜCKERITZ

Die etwa 1000 Einwohner zählende Gemeinde Ückeritz liegt am Achterwasser. Im alten Teil des Ortes prägen ehemalige Fischer- und Bauernhäuser das Bild. Ein neuer Ortsteil, die sogenannte Villensiedlung, entstand Anfang dieses Jahrhunderts, als auch Ückeritz den Anschluß an das aufblühende Tourismusgeschäft suchte. Im Unterschied zu den anderen Orten der »schlanken Mitte«, die sich in einen am Achterwasser gelegenen alten Dorfkern und in einen an der See erbauten Badeort aufteilen, ist Ückeritz seiner ursprünglichen seeabgewandten Lage treu geblieben.

Heute tut sich schon so einiges in dem kleinen Örtchen, die Hauptstraße ist neu gepflastert, Abwasserrohre wurden gelegt und einige der schönen Reethäuser mit einem neuen Anstrich versehen. Weiter unten zum Achterwasser hin, wo man auch den kleinen Fischerhafen findet, herrschen dann doch wieder Kopfsteinpflaster oder sandige Wege vor. Wer seinen Urlaubsaufenthalt hier plant, kann sicherlich eine ruhige Zeit abseits vom Rummel der Strandseite erwarten, muß sich allerdings auf einen etwas längeren Weg (1,5 km) durch einen wunderschönen Buchenwald zur Ostsee einrichten. Eine erwähnenswerte Urlaubereinrichtung an der Ostsee ist der Campingplatz, der bis vor kurzem als einer der größten Europas galt. Einrichtungen wie Geschäfte, Kino, Restaurants und Cafés verleihen ihm den Charakter einer »Campingstadt«.

Wanderungen:

1. Eine *Deichwanderung am Achterwasser* entlang, von Zinnowitz über Zempin zum Forsthaus Damerow ist im Kapitel 'Ostseebad Zinnowitz' beschrieben.

2. *Vom Bahnhof Kölpinsee über den Kölpinsee und den Wockninsee nach Ückeritz (6 km):*

Ausgangspunkt ist der Bahnhof Kölpinsee, von wo aus eine 1 km lange Straße zum **Kölpinsee** führt. Unterwegs kommt man am ehemaligen FDGB-Ferienheim »Kölpinshöh« vorbei, das früher eines der größten der Insel war. 1978 erbaut, fällt der moderne Rundbau des Restaurantteils durch seine schmucke Architektur ins Auge. Hoffentlich können hier recht bald wieder Gäste den weiten Blick über die Landschaft genießen. Wer nach dem kurzen Weg schon einmal Pause machen möchte, sollte das »Café am See« besuchen (Bootsverleih). Nach einem Blick aufs Meer, das nur wenige Schritte entfernt ist, folgen wir dem markierten Wanderweg (blauer Balken), der am dunkel schimmernden See entlangführt. Nach etwa 2,5 km durch den Wald führt der Weg ein kleines Stück über den Campingplatz Ückeritz (nicht durch die Schranke des Campingplatzeingangs irritieren lassen!). Nach etwa 200 m zweigt rechts der **Wanderlehrpfad Wockninsee** (diagonaler grüner Balken) vom Weg ab. Der weiche, nadelbedeckte Weg führt durch sehr schönen Wald. Rechts liegt versteckt der stark verlandete See in einer Senke. Informationstafeln weisen auf die Besonderheiten des Naturschutzgebietes hin; ein Hochsitz gestattet einen guten Überblick über den Restsee. Der Weg führt weiter entlang einer ausgedehnten Moorzone, in der prächtige Schwarzerlen wachsen. Nach ca. 45 Min. sind wir am Ende des Lehrpfades angelangt. Wir überqueren die Bahngeleise und laufen rechts etwa 100 m die B 111 entlang, bis wir links in die Hauptstraße von **Ückeritz** einbiegen können. Das liebevoll eingerichtete Restaurant »Deutsches Haus« ist auch gastronomisch empfehlenswert. Wer noch nicht zum Bahnhof Ückeritz und zurückkehren möchte, kann die folgende Wanderung zum Loddiner Höft anschließen (insgesamt etwa 10 km).

3. *Von Ückeritz zum Loddiner Höft (ca. 4 km):*
Von der Hauptstraße in Ückeritz zweigt die Mühlenstraße ab. Sie verlängert sich in einen Feldweg, der vor Loddin auf die Autostraße trifft. Linker Hand gelangen wir auf dem mit einem gelben Balken markierten Wanderweg nach 1 km in das idyllisch am Achterwasser gelegene Loddin. Das Dorf ist auch heute noch von der Landwirtschaft geprägt, und wer ein Freund von Reethäusern ist, wird hier begeistert sein. Im Dorf halten wir uns links auf dem markierten Weg und gelangen auf einem Sandweg zur Halbinsel Höft. Nach einem viertelstündigen Gang über die leicht gewellte Halbinsel biegen wir um ein kleines Gehölz nach rechts und genießen die faszinierende Aussicht auf die weite Fläche des Achterwassers. Am Waldrand entlang spazieren wir zur schroff abfallenden Steilküste, die in einem scharfen Kontrast zu den sanften Konturen der Halbinsel steht. Weit schweift der Blick auf die Ausbuchtungen des Achterwassers bei Zinnowitz und Zempin, auf den Gnitz und zur anderen Seite auf den Lieper Winkel. Auf dem Rückweg entlang der Steilküste kann man im Restaurant »Waterblick«, das seinen Namen verdient, Rast machen. Nach Kölpinsee mit seinem Bahnhof gelangen wir von Loddin entweder über die kleine Landstraße, die in der zweiten Hälfte von großen Birken gesäumt ist, oder in Loddin geradeaus parallel zum Ufer und auf dem anschließenden Sandweg bis zur B 110, wo wir rechts entlang der Straße die paar Meter bis zur Kreuzung laufen.

4. *Von Kölpinsee nach Bansin (ca. 6 km)*
Der erste Teil der Wanderung ist identisch mit Wanderung Nr. 2. Man folgt der Markierung mit dem blauen Balken und hat einen wunderschönen abwechslungsreichen Wanderweg durch lichten Mischwald vor sich, dünauf dünab, unterbrochen von schönen Aussichtspunkten an der Steilküste, dann stößt man wieder auf dichtes Gehölz. Kurz hinter dem Aussichtspunkt »Langer Berg« stoßen wir auf das »Forsthaus Langenberg«, ein komfortables Hotel und Restaurant mitten im Wald, nahe der Steilküste gelegen. Hier werden vorzügliche Wildspezialitäten angeboten. Nach Bansin sind es nur ein paar hundert Meter, wo man einen Rundgang durch das Seebad anschließen kann. Mit der Bahn geht es zurück zum Ausgangspunkt.

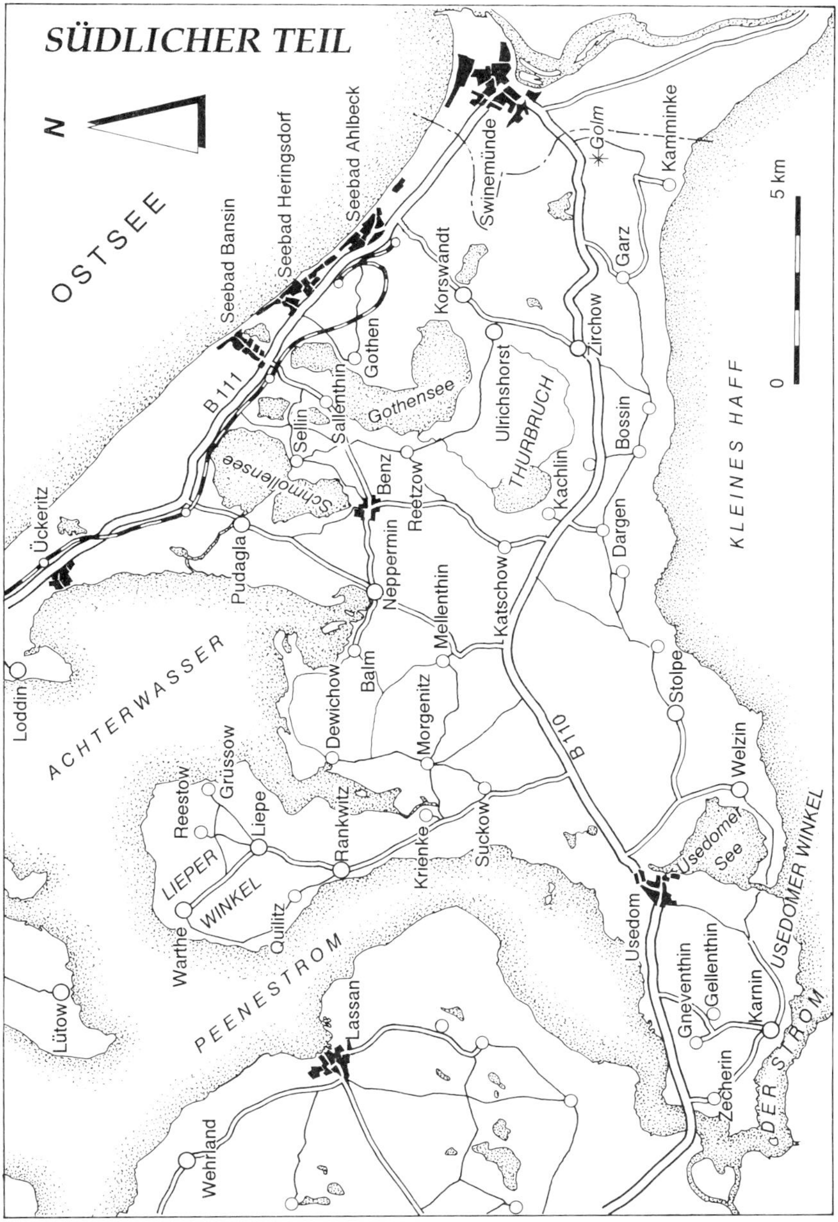
SÜDLICHER TEIL
N
OSTSEE
Seebad Bansin
Seebad Heringsdorf
Seebad Ahlbeck
Swinemünde
Golm
Kamminke
5 km
0
Garz
Korswandt
Zirchow
Gothen
Ulrichshorst
THURBRUCH
Gothensee
Sallenthin
Sellin
B111
Bossin
Kachlin
Benz
Reetzow
Schmollensee
Ückeritz
Pudagla
Dargen
Neppermin
Mellenthin
Katschow
KLEINES HAFF
Loddin
ACHTERWASSER
Balm
Dewichow
Morgenitz
Stolpe
B110
Welzin
Grüssow
Reestow
Liepe
Rankwitz
Krienke
Suckow
Usedomer See
LIEPER WINKEL
Warthe
Quilitz
Usedom
USEDOMER WINKEL
PEENESTROM
Lassan
Lütow
Gneventhin
Gellenthin
Karnin
Zecherin
DER STROM
Wehrland

DIE DREI SCHWESTERN IM SÜDEN

SEEBAD BANSIN

AUSKÜNFTE	Kurverwaltung, Seestr. 64, O-2253 Seebad Bansin, Tel. 94 33
SEHENSWERTES	Tropenhaus Bansin Naturlehrpfad Mümmelkensee
HOTELS	»Forsthaus Langenberg«, Strandpromenade 36, Tel. 91 01 Hotel »Silbermöwe«, Seestr. 55/56, Tel. 92 48 »Strandhotel«, Bergstr. 30, Tel. 23 42, FAX 23 43 Hotel »Buchenpark«, Seestr. 83, Tel. 94 92 Hotel-Pension »Germania-Seeblick«, Strandpromenade 25/26, Tel. 93 20 »Forsthaus Bansin«, Reichsstr. 12, Tel. 94 47 Hotel »Dünenschloß«, Strandpromenade 32 Pension »Elsbeth«, Waldstr. 31, Tel. 92 31
GASTSTÄTTEN	»Schiffbruch«, Am Strand, Tel. 92 34, Juni-Aug. tägl. geöffnet »Biergarten am Bahnhof«, Tel. 91 33 »Zur Kogge«, Seestr. 2, Tel. 93 12 »Forsthaus Fangel«, zwischen Sellin und Neu Sallenthin Pension »Schwalbennest«, Benz

ÜBERBLICK

Unter den Seebädern im Süden Usedoms, den sogenannten »Drei Schwestern«, ist Bansin der kleinste und auch der jüngste Ort. Hier herrscht eine eher familiäre Atmosphäre; der Ort wird geprägt durch schöne Villen, kleinere Hotels und Pensionen. Im Osten führt die Promenade weiter zum nahen Heringsdorf, im Westen schließt sich üppiger Mischwald an, der weit über den Langen Berg bis nach Ückeritz reicht.

GESCHICHTE

Bansin ist im Jahre 1897 als Seebad gegründet worden. Wenn man sich die Geschichte des Seebädertourismus vergegenwärtigt, der auf Usedom um die Mitte des 19. Jh. begann, liegt das Gründungsdatum des Ortes bereits recht spät. Im benachbarten Heringsdorf war der nach der Reichsgründung explodierende Bauboom schon wieder im Rückgang begriffen. Ahlbeck und Zinnowitz hatten bereits ihren Platz auf der Rangliste der Ostseebäder eingenommen. Die landschaftliche Schönheit der Gegend um Bansin lockte allerdings schon ab Mitte des 19. Jh. immer wieder Gäste aus dem nahen Heringsdorf an, denn der breite, weiße Sandstrand und die ausgedehnten Wälder boten einen ruhigen Kontrast zum Trubel in dem mondänen Badeort.

Die Einwohner des einige Kilometer von der Ostsee entfernt gelegenen Dorfes Bansin, heute Bansin Dorf, hatten bis dato noch keinen Gedanken an eine touristische Nutzung des für sie größtenteils wertlosen Landes mit dem breiten Sandstrand verschwendet. Sie nutzten es allenfalls als Schafweide, Lehmgrube und Viehtränke.

Die Idee, es den Heringsdorfern gleichzutun und am Strand Badeanstalten zu errichten, erwies sich in kürzester Zeit als Volltreffer. Zwar hatte die »Aktiengesellschaft Seebad Heringsdorf« in weiser Spekulantenvoraussicht einen großen Teil des Bansiner Küstengeländes für einen lächerlichen Preis aufgekauft und auch schon Pläne zur Expansion in den Schubladen, doch die Bansiner kamen dem großen Geld zuvor.

Die Badeeinrichtungen am Bansiner Strand übten eine solche Anziehungskraft auf Heringsdorfer Badegäste aus, daß man schon 1896 mit dem Bau von Pensionen und Hotels begann und diese in kürzester Zeit hochzog. Der Preis für den Grund und Boden lag nun allerdings etwas höher, zu entrichten an die AG Seebad Heringsdorf, doch das tat der stürmischen Entwicklung des neuen Seebades offensichtlich keinen Abbruch. Schon im

Gründungsjahr 1897 verzeichnete der Ortschronist 380 Gäste, und nur zehn Jahre später genossen hier über 5000 Badeurlauber die Annehmlichkeiten des jungen Ostseebades. Der Anschluß an die Inselbahn im Jahre 1911 trieb die Urlauberzahlen erneut in die Höhe. Die ideologische Ausrichtung

Stilleben am Strand von Bansin

der Bansiner Hoteliers orientierte sich an Gedanken, die in Deutschland zunehmend Gewicht bekommen sollten: »...feines Publikum nach dem Ort zu ziehen und ihn auch frei von Juden zu halten...«.

Die verschiedenen Phasen der Bansiner Geschichte hat in unnachahmlicher Weise *HANS-WERNER RICHTER*, Mitbegründer der »Gruppe 47«, kommentiert, der sich unter anderen mit einigen munteren Büchern über die Pommern in die Herzen seiner Leser geschrieben hat:

Die Gäste der ersten Periode kamen mit Leibdienern und Leibkoch, mit Zofen und Kammerzofe, mit Leibkutscher und Kammerdiener, mit riesigen hängeschloßbeschwerten Reisekörben, mit Reitpferden und Stalljungen, und die Einwohner bezeichneten sie als »die Herrschaften«. (...) Sie nannten sich Hoheit, Graf, Herzog, Durchlaucht, Excellenz, Baron und kamen gemeinhin mit dem D-Zug an, der kurz vor Mittag auf dem kleinen Bahnhof einlief. Sie trugen Schnurr-, Backen-, Voll- und Spitzbärte, rauchten Zigarren auch beim Promenieren, gingen in Galauniform oder auch im Frack zur Reunion, spielten Tennis in knielangen Hosen, tranken Champagner, hörten sich als Experten kritisch das Spiel der wechselnden Militärkapellen an und ritten durch den Buchenwald bis zu Knuths Ruh, er kerzengerade und sie im langen Reitrock und im Damensattel. Unter ihnen befand sich zeitweise auch S. Majestät der Kaiser, der sich in der Meeresluft auf langen Spaziergängen von seiner Politik erholte und so oft zu einer bestimmten Anhöhe schritt, bis die Einwohner sie in Kaiser-Wilhelm-Höhe umtauften. (...) Die Gäste waren leutselig, herablassend und so vornehm, daß die Einwohner des Ortes sich nur selten auf die Strandpromenade oder ans Meer wagten. Im August 1914 verließen sie panikartig den Ort und kamen nicht mehr zurück.

Die Nachkriegszeit mit ihren Wirren und der bald folgenden Hyperinflation versetzte der Aufwärtsentwicklung des jungen Seebades einen Dämpfer. Die Deutschen hatten essentiellere Bedürfnisse als einen Urlaub an der mondänen Ostseeküste. Viele Geschäftsleute und Hoteliers in Bansin gerieten in erhebliche finanzielle Schwierigkeiten. Der Dollar eignete sich dank eines hypertrophen Wechselkurses gegenüber der Reichsmark sehr gut für Transaktionen, weshalb viele schöne Häuser, große Pensionen und ertragreiche Hotels den Besitzer wechselten.

Nach der Inflation begann Mitte der zwanziger Jahre wieder ein rascher Aufstieg des unverwüstlichen Badeortes. Mit wachsender Wirtschaftskraft kam die Sommerfrische an der See erneut in Mode, und Bansin konnte sich wieder steigender Besucherzahlen erfreuen. Schon 1923 war es den Bansinern gelungen, der Himmel weiß wie, als eines der ersten Seebäder die »Freibadeerlaubnis« zu erlangen, was immerhin eine kleine Revolution des Badewesens bedeutete: Der Badeanzug wurde nun zum allseits anerkannten Kleidungsstück, das man, ohne öffentlichen Aufruhr zu erregen, am Strand und im Wasser tragen durfte.

Nun wurde es fein in Bansin, alle erdenklichen Vergnügungen der Reichen und derjenigen, die sich dafür hielten, wurden im gepflegten Ort mit seiner prächtigen Umgebung angeboten. Tennis, Reiten, Ausflugsfahrten und sogar Rundflüge standen dem betuchten Publikum zur Verfügung. Kurkonzerte, Tanzveranstaltungen, exklusive Cafés und teure Restaurants sorgten für einen angenehmen Aufenthalt.

Die Gäste der zweiten Periode gingen glattrasiert und reisten mit Autos an, die in keinen Bretterschuppen paßten. Überstürzt bauten die Einwohner des Ortes Garagen. Diese Gäste kamen ohne oder nur selten mit Leibpersonal. Nur auf den Chauffeur konnten sie nicht verzichten, und wer keinen Chauffeur hatte, den nannte man verächtlich einen Herrenfahrer. Sie waren Geheimräte, Professoren, Doktoren, Kommerzienräte, und nur selten war ein General oder eine Hoheit dazwischen. Sie rauchten weniger Zigarren, trugen nur noch vereinzelt Monokel, hörten den Militärmärschen der Kurkapelle skeptischer zu, liebten in der Reunion den Tango, dann den Charleston, und schließlich das, was sie die »Jazzerei« nannten, und wurden im Laufe ihrer Periode immer ausgelassener. Viele von ihnen kamen nur zum Wochenende, um ihre Frauen zu besuchen, was zur Intensivierung des Liebeslebens im Ort beitrug. Sie lagen am Vormittag in ihren Strandburgen unter schwarz-weiß-roten Flaggen, schliefen am Nachmittag, promenierten am Abend im Smoking, tanzten, liebten am frühen Morgen, und hätten gern zu den Gästen gehört, die in der ersten Periode kamen.

Das tausendjährige Reich begann in Bansin, wie anderswo auch, mit siegestrunkenem Geschrei der neuen Machthaber, die keinen Zweifel daran ließen, daß jetzt die glorreiche neue Zeit heraufzog. Die antisemitische Ausrichtung Bansins und sein Ruf als deutschnationales Seebad machten den Übergang naturgemäß leichter als in anderen Orten, beispielsweise im benachbarten Heringsdorf. Und die altbekannten Gäste?

Viele von ihnen kamen in der dritten Periode nicht wieder, aber jene, die wiederkamen, nannten sich nun Major, General, Hauptmann oder Hauptsturmführer. Sie kamen nicht mit Chauffeur, sondern als Herrenfahrer, was nun nicht mehr verächtlich war. Ihren ehemaligen Chauffeur trafen sie unter Umständen nachts in dem Café mit dem altgermanischen Namen wieder, nun ebenfalls Hauptsturmführer. Sie nannten das, was sie tranken, Sekt oder Champagner. Sie tanzten nicht mehr Charleston und lehnten die »Jazzerei« ab. Sie kehrten zum Tango, zum langsamen Walzer, zum Foxtrott zurück, und neu war für sie nur Swing. Unter ihnen waren viele Berufe, die mit »Staats« anfingen: Staatsräte, Staatssekretäre, Staatsintendanten, Staatsschauspieler und Staatsschauspiele-

rinnen. Für Liebesspiele bevorzugten sie die Strandkörbe. Ihre Lebenslust zeigte seltsame Abarten. Einige von ihnen schossen nachts mit Revolvern in die Reifen der eigenen Autos oder in die Kronleuchter oder Spiegel der großen Hotels. Sie eilten im August-September 1939 panikartig davon, ein jeder zu seinem Corps, zu seiner Division, oder sonst wohin, und kamen nicht mehr zurück.

Nach dem 2. Weltkrieg war an Strandferien zunächst nicht zu denken. Der Ort war bis auf die letzte Dachwohnung mit Umsiedlern gefüllt. 1949 wurde der Badebetrieb wiederaufgenommen, den allerdings nur ausgesprochen gutgestellte Kreise nutzen konnten. Bis 1953 schien es so, als ob Bansin wieder einen seiner rasanten Aufschwünge erleben würde. Doch die Regierenden der neugegründeten und sich mühsam konsolidierenden DDR hatten etwas anderes mit dem Ort vor als seinen Ausbau zum exklusiven Bad für bestimmte Kreise. Nach Enteignungsmaßnahmen, die eine Monopolstellung des Feriendienstes des FDGB zur Folge hatten, wurde Bansin ein Seebad für den »Urlaub der Werktätigen«. Die glanzvollen und ausschweifenden Zeiten der wohlbetuchten Klientel Bansins waren damit vorbei.

Statt ihrer reisten Jahre später Urlauber an, die in Hosenträgern auf der Strandpromenade spazierengingen, ihr eigenes Bettzeug mitbringen mußten, zu irgendwelchen Arbeitsbrigaden gehörten, täglich Schulungsabende besuchten oder besuchen mußten und mit ihrem eigenen Glück nicht viel anzufangen wußten. Ihnen war das Meer verdächtig und nur der Wald vertraut, in dem sie Blaubeeren und Pilze sammelten, um sich ein Taschengeld zu verdienen. Sie tanzten wieder Walzer, wie die Gäste der ersten Periode, und lehnten die »Jazzerei« ab, wie die Gäste der dritten Periode.
Der Ort wurde in den drei Perioden zuerst als Adelsbad, dann als Bad des Kurfürstendamms, dann als exklusives Volksbad und schließlich als Bad des FDGB, des Freien Deutschen Gewerkschaftsbundes, bezeichnet.
(Hans Werner Richter: Geschichten aus Bansin)

Was wird unser Autor wohl über die jetzt begonnene vierte Periode zu berichten haben?

WANDERUNGEN

Von Bansin aus empfehlen sich zahlreiche schöne Wanderungen und Ausflüge in das abwechslungsreiche Hinterland mit seinen vielen Seen und interessanten Sehenswürdigkeiten. Wir haben kürzere und längere Touren für Sie zusammengestellt, die Sie auf Schusters Rappen oder auch mit dem Fahrrad unternehmen können.

1. *Wanderung zum Naturschutzgebiet Mümmelkensee und zum Langen Berg (ca. 9 km)*
Vom Bahnhof Bansin aus gehen wir über den Fischerweg in nördlicher Richtung und erreichen den Beginn des Naturlehrpfades Mümmelkensee. Eine Alternative vom Zentrum Bansins aus führt westlich die Bergstraße entlang, wo am Ortsende ein Waldweg durch lichten Buchenwald beginnt. Nach etwa 300 m bietet sich ein Abstecher an die prächtige Steilküste an; der Weg geht am Forsthaus Langerberg vorbei auf den 54 Meter hohen **Langen Berg**, wo man neben der prächtigen Sicht über die Ostsee auch einen Eindruck von der Kraft des mitunter gar nicht so friedlichen Meeres gewinnen kann. Wer dem Waldweg folgt, trifft nach kurzer Strecke auf den Naturlehrpfad. Nun öffnet sich der Wald, und etwas später stehen wir am Ufer des **Mümmelkensees**, der seinen Namen zutreffend von den »Mummeln«, den gelben Seerosen, erhalten hat. Das Naturschutzgebiet ist für Naturfreunde besonders zu empfehlen. Interessante Informationen zur hier sehr artenreichen und teilweise seltenen Fauna und Flora bieten die Informationstafeln. Weiter gehen wir den Fischerweg Richtung Hauptstraße und Eisenbahn, die wir überqueren, um am Ufer des Schmollensees entlang zum idyllischen Sellin zu wandern. Von hier führt eine kleine Straße ostwärts Richtung Neu Sallenthin, von der kurz vor der Ortschaft ein Waldweg hinunter zum sehr romantisch im Wald gelegenen »Forsthaus Fangel« (Kaffee, Kuchen, Imbiß) abzweigt. Zurück auf der Straße biegen wir in Neu Sallenthin links ab und gelangen an der alten Windmühle auf die Landstraße, die uns über Bansin Dorf am Bahnhof vorbei nach Bansin zurückführt.

2. *Vier-Seen-Wanderung nach Sellin (Wanderung, 7 km)*
Vom Zentrum Bansins aus gehen wir Richtung B 111, überqueren sie, lassen den Bahnhof rechts liegen und gehen auf der Landstraße nach Benz an der schönen alten Häuserzeile von Bansin Dorf entlang bis zur Ruine der alten Windmühle, die an der nächsten Straßenbiegung steht. Hier genießt man linkerhand einen herrlichen Blick auf den **Gothensee**. Wir folgen nicht dem Verlauf der Landstraße, sondern gehen geradeaus auf der leicht abschüssigen Straße weiter, die zwischen dem **Großen** und dem **Kleinen Krebssee** hindurchführt. Den Windungen des Sträßchens folgend durchqueren wir Neu Sallenthin, vorbei an Fachwerkscheunen und gepflegten Gärten.

Pflaumenbäume und anderes Kernobst säumen unseren Weg. Anschließend geht's durch ein kleines Waldstück nach **Sellin**. Das idyllische Dorf begrüßt uns mit einem kleinen asphaltierten Platz, der von einem schön gelegenen, aber häßlichen Ferienheim des VEB BBK Bitterfeld flankiert wird. Die Terrassenumzäunung mit den eingeschmiedeten Wahrzeichen der Bergleute, den gekreuzten Hämmern, verweist auf die frühere Urlaubsklientel des Hauses. Etwas weiter dann die geballte Dorfidylle der eigentlich nur 3 1/2 Häuser Sellins: reetgedeckte Häuser, kleine Gärtchen mit liebevoll umhegten Blumenrabatten, Hühner und Gänse allenthalben, Katzen huschen übers grobe Kopfsteinpflaster. Man möchte fast nicht stören in dieser abgeschlossenen kleinen Welt.

Das tun wir auch nicht lange. Geradeaus führt der Weg bergan weiter nach Benz. Wir kehren aber um und wenden uns am Plätzchen mit der Bushaltestelle dem Seeufer zu. Der Feldweg führt zwischen einigen Fachwerkscheunen hindurch und wird zu einem dunklen Pfad mit Hohlwegcharakter. Links scheint der **Schmollensee** durch das dichte Schilf und die hohen Bäume, rechts ragt einige Meter die Abbruchkante hoch, durchzogen von allerlei Wurzelwerk und vielen Büschen und Sträuchern. Auf diesem Weg sehen wir auch den Findling, der auf allen Karten groß eingezeichnet ist, in seinen wirklichen Ausmaßen aber nicht allzu beeindruckend wirkt. Man sollte aber bedenken, daß solche Solitäre auf einer im großen und ganzen aus Sand bestehenden Insel eine große Seltenheit darstellen. Diese Findlinge sind durch die riesigen Gletscher, die noch vor 20 000 Jahren das norddeutsche Tiefland bedeckten, transportiert worden. Nach dem Abtauen der Eismassen blieben sie als letzte Überbleibsel der Eiszeit zurück.

Wir passieren rechterhand eine kleine Feriensiedlung. Die Bewohner werkeln umtriebig vor sich hin, Verbesserungen an den Kleingärten sind immer angebracht. Früher gab's Baustoffe fast nur gegen Vitamin B, heute sind sie schlicht und einfach zu teuer. Um so auffälliger der Brauch, Sand- oder Kieshaufen am Wegesrand mit einem Namensschild zu kennzeichnen, womit die Eigentumsverhältnisse hinreichend geklärt sind. So geht's halt zu auf Usedom...

Wir tauchen in den lichten Mischwald ein und gehen leicht hügelan bis zur nächsten Wegekreuzung. Rechts ab ist ein Weg ausgeschildert zum »Forsthaus Fangel«, das sich der hungrige Wanderer nicht entgehenlassen sollte. Malerisch im Wald gelegen bietet man hier auf einer schattigen Terrasse ab 14 Uhr Kaffee und Kuchen sowie kleine Imbisse. Nach diesem Abstecher sollte man aber auf den alten Weg zurückkehren, der geradeaus weiter durch eine dichte Schonung führt. Hält man sich rechts, so sieht man bald das Wasser des Großen Krebssees durch die hohen Buchen leuchten. Tritt man aus dem Wald hervor, befindet man sich auf einem leicht hügeligen Wiesengelände, rechts das baum- und schilfgesäumte Ufer des Sees. Wir folgen dem Weg leicht hügelan, so gelangen wir nach einigen hundert Metern auf die Hügelkuppe, von wo aus man einen weiten Rundblick über die Usedomer Schweiz hat. Am alten Windmühlentorso vorbei gelangen wir geradeaus wieder nach Bansin Dorf.

3. *Wanderung rund um den Schmollensee über Benz und Pudagla (Wanderung oder Radtour, 10 km)*

Wir gehen nach Sellin wie in Wanderung 2 und durchqueren das Dorf. Bergan Richtung Wald zieht sich der Sandweg. Wir halten uns rechts und gehen am Waldesrand mit herrlichem Blick auf den Schmollensee entlang (Markierung: senkrechter gelber Balken). **Benz** empfängt uns mit einer Reihe kleiner Reethäuser, die etwas abseits der Hauptstraße stehen. Dort, wo wir auf die Hauptstraße treffen, lockt die Pension »Schwalbennest« mit einem blumengeschmückten Hof, einigen einfachen Zimmern sowie einem Bungalow. Essen wird ebenfalls angeboten, die freundlichen Leute weisen zwar nicht die Professionalität wie an der touristischen Küste auf, doch das macht den Aufenthalt recht gemütlich.

Von hier aus kann man die Kirche von Benz schon sehen, die leicht erhöht inmitten prächtiger Kastanienbäume residiert. Die St.-Peters-Kirche wurde im Jahr 1229 erstmals erwähnt. In den folgenden Jahrhunderten wurde sie vielfach umgebaut und erweitert. Das Mauerwerk des Langschiffs weist zu großen Teilen Feldsteine als Bestandteile des ältesten Baus auf, für den Chorraum wurden Backsteine verwendet, in die man Feldsteine mit eingebaut hat. Mitte des 17. Jh. erhielt der obere Teil des Turmes seine heutige Gestalt. Benz ist, nach alten Funden zu urteilen, mit Sicherheit eines der frühesten Siedlungsgebiete der Insel.

Auf einem Hügel über dem Ort thront die Holländerwindmühle von Benz. Zweifellos die besterhaltene Mühle von Usedom, beherbergte sie früher das Atelier des bekanntesten Malers der Insel, Otto Niemeyer-Holstein, der hier bis zu seinem Tode 1984 eine beneidenswerte Arbeitsstätte gefunden hatte.

Auf dem Friedhof von Benz befindet sich die letzte Ruhestätte des Künstlers. Im Ort hat man dem aus Benz stammenden kommunistischen Widerstandskämpfer Fritz Behn ein Ehrenmal geschaffen, der im Jahre 1944 hingerichtet wurde.

An der Kirche wenden wir uns nach Norden und gehen durch Felder und Sumpfwiesen zum kleinen Flecken **Stoben**, wo man rechts einen kleinen Abstecher an den Schmollensee machen kann. Im Ort selber gibt es noch die schönen kleinen, reetgedeckten Fischerhäuser. Geradeaus auf einer ganz neu gelegten Betonstraße kommen wir über einen kleinen Hügel auf die Hauptstraße, auf der wir an einer der letzten auf Usedom erhaltenen Bockwindmühlen vorbei nach **Pudagla** gelangen. In dem Ort gibt es ein Schloß gleichen Namens, das man erst einmal finden muß, obwohl es mitten im Ort steht und die einzige Gaststätte beherbergt. Warum? Schauen Sie mal selbst!

Im Kloster Pudagla hatten von 1309 bis zur Reformation die Prämonstratensermönche ihren Sitz, die vorher in der Nähe der Stadt Usedom auf dem Marienberg residierten. Von hier aus beherrschten die Mönche fast die gesamte Insel. Nach der Reformation, die in Pommern 1534 einsetzte, wurde das Kloster Pudagla säkularisiert, und sämtlicher Besitz fiel an die pommerschen Herrscher. Ab 1574 wurde das Kloster zum Witwensitz für Marie von Pommern umgebaut. Zugleich begann man mit dem Bau eines neuen Schlosses, das ebenfalls der Mutter des Herzogs Ernst Ludwig standesgemäße Unterkunft bieten sollte.

Von den Klostergebäuden ist heute so gut wie nichts mehr zu erahnen, das einzige noch erhaltene Gebäude soll die ehemalige Klosterkapelle gewesen sein. Auf dem weitläufigen Gelände verlieren sich heute Einrichtungen einer ehemaligen LPG.

Das 1574 errichtete Schloß ist in seiner äußeren Gestalt im wesentlichen unverändert geblieben. Das langgestreckte, schlichte Gebäude wird nur durch einen runden Erker im Obergeschoß und durch einen Treppenturm auf der Hofseite gegliedert. In der ehemaligen Tordurchfahrt hat man eine Gaststätte eingerichtet. Hier finden sich bemerkenswerte Gewölbe. Auffallend ist das reich geschmückte Steinwappen aus der Renaissance über dem Eingang, das die Wappen der pommerschen Herzöge zeigt und in seiner Inschrift auf den Bauherrn und die Entstehungszeit hinweist. Im Hof soll irgendwo der Einstieg in einen unterirdischen Gang zu finden sein, der einstmals Pudagla mit dem 7 km entfernten Schloß Mellenthin verbunden haben soll. Daß dieser Gang der Sage nach vom »Ritter mit der goldenen Kette« in sieben Wochen erbaut worden ist, deutet stark auf mittelalterliches Seemannsgarn hin, wir fanden jedenfalls nur Garagen und landwirtschaftliche Gebäude.

Natürlich hat ein solch geheimnisumwitterter Tunnel die Phantasie der Menschen angeregt und folgende Geschichte entstehen lassen:

Beim Abbruch des Klosters in Pudagla stieß man bald auf den unterirdischen Gang, von dem die Leute munkelten, er führe, angelegt von dem Ritter mit der goldenen Kette, bis nach Mellenthin. So mancher wollte schon diese Geschichte überprüfen und wagte sich in den unterirdischen Gang. Doch niemand hatte den Mut, in dem verfallenen, modrigen und gefährlichen Gemäuer so weit vorzudringen.

Zur gleichen Zeit wurde eine Frau zum Tode verurteilt, die zwar unschuldig war, dieses aber nicht beweisen konnte. Die Richter, ebenfalls nicht völlig sicher in ihrem Urteilsspruch, schlugen vor, die Frau solle den unterirdischen Gang bis an

sein Ende verfolgen. Bringe sie ein Beweisstück mit herauf, daß sie wirklich das Ende erreicht habe, so solle sie frei sein.
So stieg die arme Frau denn mangels Alternative hinein in die gähnende Gruft und ging zitternden Schrittes weiter und weiter. Nach geraumer Zeit stieß sie an eine schwere Eichentür, die sich wie von Geisterhand selber auftat. In einem großen, hell erleuchteten Saal saßen um einen langen Tisch herum viele Zwerge, alle mit langen, grauen, verfilzten Bärten. Ungehalten ob der Störung fragte der ihr am nächsten Sitzende, was sie denn hier unten wolle. Die arme Frau erzählte von ihrem Schicksal und daß es nur diese eine Möglichkeit gegeben habe, ihr nacktes Leben zu retten.
»Gut, wir haben Mitleid, und lassen dich ungestraft wieder gehen. Sage aber oben Bescheid, daß wir keine weitere Störung wünschen!« sprach der Zwerg und verlieh seinen Worten mit blitzenden Augen Nachdruck. Als Zeichen, damit man ihr glaube, übergab er ihr eine lange Erbsranke.
Glücklich wieder im Tageslicht zurück erzählte die Frau ihr Erlebnis, und als sie zum Beweis die Erbsranke vorzeigte, verwandelte sich diese zu aller Verwunderung in eine lange schwere Eisenkette, die man daraufhin sogleich am Brunnen befestigte. Und damit künftighin niemand mehr die Zwerge störe, wurde der Eingang des unterirdischen Ganges zu Pudagla zugemauert.

Der Flecken ist ein touristisch unverbrauchter Ort, mit großen Gärten, niedlichen Dorfalleen und einer ruhigen Atmosphäre. Am Dorfeingang nahe der Landstraße hat ein kleiner Ponyhof für Kinder aufgemacht. Auf der anderen Seite der Durchgangsstraße erhebt sich der fast 40 m hohe Glaubensberg (von slaw. glawa = Kopf, Haupt), von dem man einen faszinierenden Rundblick über die Seen, das Achterwasser und die weite Landschaft Usedoms hat. Etwa einen Kilometer muß man von Pudagla aus gehen, will man am Teufelsstein den wunderschönen Blick aufs Achterwasser und die gegenüberliegende Küste des Lieper Winkels genießen (Markierung: gelbes Dreieck).

Weiter muß man entweder die vielbefahrene Landstraße entlanglaufen, was wir guten Gewissens nicht empfehlen können, oder sich für die etwa 1 1/2 km bis zur Bahnlinie mit dem Haltepunkt Schmollensee dem Omnibus anvertrauen. Wem's reicht, der fährt mit der Bahn nach Bansin zurück. Ansonsten kann man die etwa 2 km lange Strecke bis zum Strand laufen und an der Steilküste entlang nach Bansin zurückkehren.

SEEBAD HERINGSDORF

AUSKÜNFTE	Kurverwaltung Heringsdorf, Delbrückstr. 62, O-2255 Heringsdorf, Tel. 763/764/765
SEHENSWERTES	Muschelmuseum, Promenade/Eichenweg, Do-So 10-13 und 16-18 Uhr
	Maxim-Gorki-Bibliothek, Delbrückstr. 5, Mo, Di, Do 9-12 u. 13-17, Fr 9-12 u. 13-18 Uhr
	Maxim-Gorki-Gedenkstätte, Villa Irmgard, Maxim-Gorki-Str. 17, Tel. 561
	Kulturhaus, Strandpromenade, Tel. 22 34
	Volkssternwarte »Manfred von Ardenne«, Düne am Sportplatz, Mo bis Do 19-20 Uhr oder nach Vereinbarung
HOTELS	»Stadt Berlin«, Ernst-Thälmann-Str. 38, Tel. 413 u. 648
	»Hubertus«, Grenzstr. 1, Tel. 29 71
	»Strandidyll«, Delbrückstr. 9, Tel. 87 31
	»Coralle«, Maxim-Gorki-Str. 57, Tel. 29 77
	»Pommerscher Hof«, Friedensstr. 22, Tel. 424 und 28 46
	»Kurhotel Ostseebad Heringsdorf«, Delbrückstr. 1-4, Tel. 571/572
	»Residenz Neuhof«, Am Kanal, Tel. 29 43
GASTSTÄTTEN	Die Vielzahl der Restaurants und Gaststätten bieten dem Gast in unterschiedlichen Preisstufen ein breites Angebot
TANKSTELLE	Minol-Tankstelle an der Ernst-Thälmann-Straße (B 110), kein Diesel

ÜBERBLICK

Das Seebad Heringsdorf ist seiner Ausdehnung, aber auch seiner Einwohnerzahl nach das größte Seebad auf Usedom. Eine 10 km lange Promenade verbindet es im Osten mit Ahlbeck, im Westen mit Bansin. Die repräsentativen Villen und Hotels zogen vom Kaiserreich bis zu den dreißiger Jahren unseres Jahrhunderts die Prominenz und die High Society an. Der alte Glanz des mondänen Seebades ist auch heute noch im Ortsbild wiederzuerkennen und macht den besonderen Reiz Heringsdorfs aus.

GESCHICHTE

Mit Beginn des Seebädertourismus auf Usedom erhielt zuerst Swinemünde 1824 den begehrten Titel »Seebad«. Bereits ein Jahr später wurde die erste Badesaison in Heringsdorf eröffnet. Ursprünglich ein namenloses und unbedeutendes Fischerdorf an der Ostsee, soll es durch folgende Begebenheit zu seinem eigenartigen, doch sehr passenden Namen gekommen sein:

Das namenlose Fischerdörfchen am langen Usedomer Strand wurde von den Fischhändlern Swinemündes gerne aufgesucht, um gute Einkäufe zu tätigen. Im Jahre 1820 erschien hier ein junger, wohlgekleideter Reiter und schaute interessiert dem Handel zu. Die feilschenden Fischer und Händler kamen aus dem Staunen gar nicht mehr heraus, als sie erfuhren, daß es sich um den ältesten Sohn des Königs handele. Während die anderen vor Ehrfurcht erstarrt waren, meldete sich ein alter Fischersmann zu Wort und schlug vor, der hohe Besuch solle doch dem Dorf einen Namen geben. Der Prinz willigte ein und regte nach kurzem Nachdenken an, dem Hering, dem der Ort ja seine Existenz verdanke, die Ehre zu erweisen. Heringsdorf also solle der Name sein. Gesagt, getan, und sogleich stellte man ein Brett mit dem aufgemalten Namen an den Strand.
Der König Friedrich Wilhelm III. höchstselbst reiste am nächsten Tag von Swinemünde nach Wolgast und stieß auf das neue Ortsschild. Befremdet fragte er die Fischer, wer sich denn das königliche Privileg der Namensgebung angemaßt habe; als er vernahm, daß sein Sohn hier schon im Vorgriff auf seine künftige Stellung gehandelt habe, reizte es ihn, angesichts dieses Staatsverbrechens ein Exempel zu statuieren. Da er aber selbst keinen besseren Namen parat hatte und das Vergehen vom zukünftigen König verübt worden war, ließ er Gnade vor Recht ergehen: Heringsdorf heißt der Ort also bis heute.

Im übermächtigen Schatten Swinemündes mußten die Anfänge als Seebad natürlich erst einmal bescheiden ausfallen. Der Oberforstmeister von *BÜLOW*, der im nahen Gothen ansässig war, hatte wesentlichen Anteil an der »Entdeckung« der weiten Strände, ausgedehnten Wälder und guten Luft hier in Heringsdorf. Es darf vermutet werden, daß der weitsichtige Mann nicht ganz uneigennützig handelte. 1826 wurden unter seiner Leitung die ersten Logierhäuser und eine Badeanstalt errichtet. Damit waren die Voraussetzungen für den Aufschwung des Seebades geschaffen.

In den folgenden Jahren entwickelte sich der Ort allmählich zur bevorzugten Sommerfrische der deutschen Aristokratie und der Finanzwelt. Mitte des 19. Jh. genossen hier jährlich etwa 400 Badegäste die Reize der pommerschen Ostseeküste. Zur Zeit der Reichsgründung 1871 wurde ein wesentlicher Schritt nach vorne getan: Mit der Gründung der »Aktiengesellschaft Seebad Heringsdorf« durch den einflußreichen Berliner Finanzier *DELBRÜCK* floß nun das große Kapital in das kleine, aber feine Bad. Kaiserliche Rückendeckung für die großen Pläne hatte man sich durch die von Wilhelm I. 1879 vorgenommene Verleihung des werbeträchtigen Bäderstatus verschafft.

Zwischen 1860 und 1870 waren die ersten Chausseen auf Usedom fertiggestellt worden. 1876 erfolgte der Anschluß von Swinemünde ans deutsche Eisenbahnnetz, und 1894 realisierte man die Anbindung von Ahlbeck und Heringsdorf. Damit waren die verkehrstechnischen Voraussetzungen für den nun folgenden rapiden Aufschwung gegeben. Fortan gehörte es zum guten Ton in der Berliner High Society, sich eine repräsentative Sommervilla an der Heringsdorfer Promenade zu leisten. Auch ortsansässige Familien waren durch den Boom zu Wohlstand gekommen und ließen Pensionen und Gasthäuser errichten.

In den siebziger und achtziger Jahren entstanden auch die bekannten Großbauten Heringsdorfs: So das »Kaiserhof-Atlantic«, das bis zur Jahrhundertwende zu einem luxuriösen Hotelkomplex mit 300 Betten ausgebaut wurde und mit jedem damals nur erdenklichen Luxus ausgestattet war. Ihm gegenüber lag die berühmte Heringsdorfer Seebrücke, die im Eingangsbereich mit zahlreichen Restaurationsbetrieben und Ladengeschäften den Hauptanziehungspunkt für die Badegäste bildete. Die verspielte Holzkonstruktion, von spitzen Türmchen flankiert und teilweise mit verglasten Dachkuppeln versehen, reichte einige hundert Meter in die Ostsee hinaus: Dort legten die Rügendampfer und die Ausflugsboote an. Am nördlichen Abschluß des prächtigen Kurplatzes stand das »Strandkasino«, das als offizielles Kurhaus geführt wurde. Zum Meer hin war dem Kurhaus eine 90 m lange Wandelhalle angegliedert, in deren Untergeschoß Läden eingerichtet waren. Daneben erhob sich der große Musikpavillon, in dem Kurkonzerte stattfanden.

Villa Oechsler

Diese Monumentalbauten dominierten die Strandseite des Heringsdorfer Zentrums. Am seeabgewandten Hauptplatz prägten drei große Hotelbauten das mondäne Seebad. Das »Grandhotel Seeschloß« (heute »Arkona«), das schon damals mehrfach umbenannte »Schloß Dorothea« und »Lindemanns Hotel« (heute »Pommerscher Hof«) wiesen einen Standard auf, der durch den Beinamen »Schloß« gut charakterisiert wird.

Heringsdorf galt insbesondere seit der Jahrhundertwende als Refugium der jüdischen Ober- und Mittelschicht. Der Schriftsteller und Philologe *VICTOR KLEMPERER* gibt einen Stimmungsbericht:

Denn in den neunziger Jahren begann Heringsdorf einen etwas spöttischen Ruf unter den Berlinern zu bekommen (...) Einmal galt es für Berlin kaum noch als richtiges Reiseziel. Es war so nahegerückt, daß man es fast schon als Ausflugsort zu betrachten anfing. In Heringsdorf erholten sich wohlhabende Leute, nachdem sie ihre eigentliche Ferienreise in die Schweiz oder ihre Kur in Karlsbad hinter sich gebracht hatten. Das benachbarte kinderwimmelnde Ahlbeck war ausgesprochen kleinbürgerlich; in Heringsdorf mit seinen eleganten Villen und Hotels, seinem gepflegten Kurplatz, seiner gepflegten Kurmusik traf sich Berlin W. Und zwar eine ganz bestimmte Schicht des Berliner Westens: die jüdische. Heringsdorf war damals – und blieb es bis zum Krieg – eine Art freigewählten und freien Gettos.

Nach dem 1. Weltkrieg mußte das mondäne Seebad nur kurz um seine Zukunft bangen: Zur Inflationszeit 1921 kaufte die Gemeinde Heringsdorf der Aktiengesellschaft sämtliche Badeeinrichtungen ab und betrieb fortan den Badebetrieb in eigener Regie. Eine glückliche Entscheidung, denn die Reichen und die Mächtigen blieben dem Ort treu und ließen die Erinnerung an kaiserliche Zeiten bald wieder erwachen. So erlebte Heringsdorf in den Zwanzigern und Dreißigern noch einmal einen stürmischen Aufschwung – bis dann mit der Machtübernahme der Nazis »das Judenbad endlich wieder deutsch« wurde. Nach bewährter Methode wurden jüdische Eigentümer enteignet, so sie es nicht gleich vorgezogen hatten, unter Zurücklassung ihres Besitzes ins Ausland zu flüchten. Der schon damals florierende Hotelkonzern Kempinski »übernahm« das »Kaiserhof Atlantic«, und etliche Liegenschaften und Prachtbauten wurden »arisiert«. Bis zum 2. Weltkrieg ging hier der Badebetrieb weiter; allerdings durften jetzt nur »Deutschblütige« – wie schon seit längerem in Zinnowitz – den feinen Sandstrand betreten.

Im Krieg wurde auch in Heringsdorf das höhere Personal der Peenemünder Raketenversuchsanstalt einquartiert. 1945 wurde der Ostteil der Insel und damit auch Heringsdorf ohne größere Zerstörungen von der Roten Armee besetzt.

Nach dem 2. Weltkrieg nutzte die sowjetische Besatzungsmacht die Heringsdorfer Einrichtungen als Sanatorium für Angehörige der Roten Armee. Nach 1950 übernahm der FDGB-Feriendienst die touristischen und gastronomischen Einrichtungen des Bades. Schnell wurde Heringsdorf zum Erholungszentrum für Gewerkschaftsangehörige; bis zu 60 000 Menschen jährlich verbrachten zu alten DDR-Zeiten hier ihren Urlaub.

DER ORT

Das Zentrum des alten Heringsdorf wurde dominiert von der Anlage der Seebrücke und dem gegenüberliegenden »Hotel Kaiserhof Atlantic«. Beide stehen heute nicht mehr. Für die Seebrücke gibt es bis heute keinen Ersatz, für das mondäne Hotel sehr wohl: Die Errichtung eines Urlauberkomplexes direkt an der Strandpromenade in DDR-typischer Plattenbauweise kann man ohne Umschweife als Bausünde erster Güte bezeichnen. Neben diesem Ungeheuer steht das Kulturhaus Heringsdorf, etwas kleiner als das von Zinnowitz und vor allem nicht so bombastisch. Immerhin gibt es einen Saal mit Platz für 700 Personen, eine Bibliothek, Kinovorführräume, Restaurants u.a. Vor dem Kulturtempel führt der Weg hinauf ins Zentrum. Hier in der Seestraße finden wir einen Abglanz der einstigen Größe und Atmosphäre des alten Seebades: Die klassizistische Häuserzeile braucht sich vor hauptstädtischen Prachtbauten keineswegs zu verstecken.

Ein Spaziergang durch die ruhigen Seitenstraßen in den Ostteil des Ortes vermittelt anschaulich die Prachtentfaltung in diesem ehemaligen Weltbad. Wenn auch so manche Fassade etwas ramponiert wirkt und die Innenausstattung der teils riesigen Villen sicherlich nicht heutigem Standard entspricht, so läßt sich doch das Bild des zukünftigen Heringsdorf ahnen...

Auf der langen und gepflegten Promenade kann man an der prächtigen Häuserzeile entlang bis zur alten »Villa Oechsler« ins Zentrum zurückkehren. Diese geschmackvoll im klassizistischen Stil erbaute Villa beherbergt die Maxim-Gorki-Bibliothek.

Geht man Richtung Bansin auf der Promenade weiter, so gelangt man bald zu einer kleinen Erhebung, dem Kulm. Hier stehen kleinere Villen, die Straßen sind schmaler, und unten am Hang stehen sogar noch einige alte Fischerhäuser. Das »Café am Kulm« lädt zum Verweilen ein, alte Heringsdorfer halten einen kleinen Schnack auf dem schmalen Bürgersteig, und das Leben geht seinen geruhsamen Gang. Folgt man dem Straßenverlauf, so stößt man etwas weiter auf die breite Maxim-Gorki-Straße, die bis nach Bansin führt. In diesem Teil finden wir wieder prachtvolle Villen mit Erkern und Türmchen, Wintergärten und Holzbalkonen, umrahmt von großzügigen, parkartig gepflegten Gärten mit altem Kiefernbestand.

Hier steht auch die »Villa Irmgard«, in der Maxim Gorki den Sommer 1922 verbrachte. Der Schriftsteller war ein Jahr zuvor an Tuberkulose erkrankt und konnte sich nicht entschließen, die politisch noch instabile Sowjetunion zu verlassen. Lenin riet ihm in einem fürsorglichen Brief zu einer Kur im Ausland:

Aber Sie husten Blut und wollen nicht wegreisen? Das ist wirklich gewissenlos und sehr unverständig. In Europa, in einem guten Sanatorium, können Sie eine Kur durchmachen und dreimal soviel arbeiten. Hier bei uns ist weder Kur noch Arbeit denkbar, nur Unruhe, zweckloses Hin und Her. Reisen Sie, lassen Sie sich gesundmachen! Seien Sie nicht eigensinnig, ich bitte Sie!

Ihr Lenin

Das Haus ist heute als Gedenkstätte eingerichtet. Besichtigung ist möglich.

Gehen Sie in Heringsdorf geruhsam spazieren! Sie werden überall den Hauch des alten Luxus spüren und manchmal auch die Atmosphäre des kaiserlichen Seebades erahnen. Die Phantasie der Baumeister und die wunderschöne milde Landschaft haben hier ein Kleinod der norddeutschen Seebäder geschaffen, das seinesgleichen sucht.

AUSFLÜGE

Das Seebad Heringsdorf ist ein vorzüglicher Ausgangspunkt für Wanderungen in das abwechslungsreiche Hinterland mit Naturschutzgebieten, Einblicken in die Usedomer Geschichte und ruhigen Erlebnissen abseits des Ferienrummels an der Ostsee. Lassen Sie sich (ver)führen.

1. *Wanderung von Heringsdorf über Gothen und Wildpark nach Ahlbeck (kurze Strecke 8 km, lange Strecke über Korswandt 14 km)*

Ausgangspunkt dieses Ausfluges ist der westliche Ortsausgang Heringsdorfs an der Brücke über den kleinen Sackkanal, der 1818 zur Entwässerung des Gothensees und des Thurbruches angelegt wurde. Wir wenden uns diesseits des Kanals südlich, gehen unter der Eisenbahnbrücke hindurch und folgen am Gothensee dem Fahrweg nach links. Durch Felder und Wiesen führt der Weg am baumbestandenen Seeufer entlang bis in den kleinen Ort **Gothen**.

An der Wendeschleife für den Omnibus (ab hier mit gelbem Dreieck markiert) gehen wir links die Dorfstraße entlang und treffen nach einigen Metern auf den Storchenpark. Das 1986 in mühevoller Privatarbeit angelegte Plätzchen mit jungen Bäumen, Bänken und Informationstafeln verdankt seinen Namen dem guten Blick auf den Storchenhorst in der Dorfstraße. Dieser Horst steht, wie könnte es anders sein, auf dem Hause des »Kreisstorchenhorstbetreuers« Eggebrecht, der auch »der Storchenvater« genannt wird. Wir meinen zu Recht, denn fast überall in Gothen hat der rührige Mann seine Spuren hinterlassen. An seinem Haus ist eine Liste der An- und Abflüge der Störche seit den fünfziger Jahren angebracht, natürlich geht die Einrichtung des Storchenparks auf sein Konto und ebenfalls die Ausschilderung kleiner Wege rund um Gothen. Zudem ist der Mann noch ein überzeugter Pommer, wie die vielzähligen blauweißen Greifenwappen bezeugen.

Wir empfehlen in jedem Fall den Weg »Kiek up't Nest«, der, wie sein Name treffend besagt, einen ganz vorzüglichen Beobachtungsplatz für das Treiben der Störche auf Eggebrechts Dach darstellt. Wer ein wenig durch das Kiefernwäldchen strolchen will, sollte den Trippelpfad erkunden, durch Ginster, Kiefern, hohe Gräser, Beerensträucher und mit malerischem Blick auf den Gothensee.

In Gothen gibt es bislang keine Gaststätte, so marschieren wir weiter und gehen die von jungen Bäumen gesäumte Straße, die alte Heringsdorfer Rennbahn, durch Kornfelder bis hinein in den düsteren Mischwald, in dem nach etwa 200 m rechts ein Waldweg zum **Wildpark** abzweigt (ausgeschildert). Hier soll Maxim Gorki während seines Aufenthaltes in Heringsdorf 1922 ausgiebig gewandert sein, ganz besonders gerne zum über 40 m hohen Buchfinksberg, der sich hier majestätisch erhebt. Für den ungefähr 1 km langen Weg durch den herrlichen Wald zügeln wir unseren Hunger, denn bald gelangen wir zum »Forsthaus Wildpark«, einem Restaurant und Café mit einer wunderschönen großen Terrasse und Blick auf ein schmales Tal und die umliegenden bewaldeten Hügel. Bis 1930 war hier ein 300 ha großes Wildgehege mit freilaufenden Tieren. Heute genießen wir die Ruhe und die angenehme Atmosphäre.

Nach erfolgter Stärkung fällt der restliche Weg viel leichter. Zudem geht es jetzt leicht hügelab 200 m bis zum Bahnübergang, vorbei an der Pferdekoppel und links weiter bis zur abermaligen Überquerung der Bahn. Und schon sind wir in Ahlbeck, wo wir uns zur Ostsee durchschlagen und die Strandpromenade oder den Weg am Wasser entlang zurück nach Heringsdorf nehmen.

Für den Wanderer, der nicht schon nach etwa 2 1/2 Std. wieder zu Hause sein will, haben wir hier eine ausgedehntere Alternative: Kurz hinter Gothen mit seinen Störchen zweigt von der alten Heringsdorfer Rennbahn ein Feldweg rechts ab (Markierung: waagerechter grüner Balken). Dieser führt teils durch Wald, teils durch Felder und Wiesen, und anschließend durch ein Sumpfgebiet an das Ostufer des Gothensees. Dieser See ist Bestandteil des Naturschutzgebietes »Gothensee und Thurbruch«, das ein Rückzugsgebiet für Fischotter, Graureiher und Wildschwäne ist sowie eine Vielzahl von seltenen Pflanzenarten aufweist.

Hier bietet die Abbiegung links (Markierung: grünes Kreuz) eine erste Möglichkeit, nach Ahlbeck zu gelangen, was den Vorteil hat, daß man ohne großen Umweg in dem oben beschriebenen sehenswerten »Forsthaus Wildpark« einkehren kann (am Bahnübergang links über die Bahn und den kleinen Sandweg hügelan, ca. 150 m).

Man kann auch geradeaus Richtung Korswandt (siehe Kapitel »Seebad Ahlbeck«) weitergehen und dort im Ferienhotel »Pirol« gastronomische Bedürfnisse befriedigen. Zurück geht's dann über die Dorfstraße bis zur Feriensiedlung und auf dem mit waagerechtem rotem Balken ausgeschilderten Weg durch den Wald bis Ahlbeck, wo man an der Feuerwehr ganz nahe am Bahnhof das Seebad erreicht. Nach Heringsdorf auf der Seepromenade, vorbei an dem beeindruckenden Villenpanorama oder für den müden Wanderer mit der Inselbahn.

2. *Radtour rund um den Gothensee*

Von Heringsdorf fahren wir die Maxim-Gorki-Straße bis zum Sackkanal. Auf der Heringsdorf zugewandten Seite des Kanals fahren wir bis zur Eisenbahnunterführung. Dahinter biegen wir rechts ab und gelangen auf einem Sandweg weiter nach Bansin Dorf, wo wir links auf die Hauptstraße einbiegen und die schöne Allee nach Alt Sallenthin weiterfahren. Kurz hinter der Ortsausfahrt zweigt links die kleine Straße nach **Reetzow** ab. Das malerische Dörfchen (Achtung Radfahrer: Hintern hoch! Mörderisches Kopfsteinpflaster!) war slawisches Siedlungsgebiet, wie verschiedene Funde belegen. Gepflegte kleine Gärtchen, schnatternde Gänse und stracks von der Straße eilende Hühner bestimmen die Atmosphäre. Hinter Reetzow biegt links die asphaltierte Straße in den **Thurbruch** ab. Durch Felder und Wiesen führt der Weg, zwischen grasenden Kühen erhebt ein Reiher seine weitausladenden Schwingen, hoch in den Lüften kreisen gravitätisch Raubvögel. Vor uns erstreckt sich weithin die von schnurgeraden Wassergräben durchzogene Ebene des Thurbruchs, die zum Gothensee hin als Naturschutzgebiet ausge-

wiesen ist. Schon Mitte des 18. Jh. begann man mit der Entwässerung und Trockenlegung dieses riesigen Feuchtgebietes, allerdings ohne nachhaltigen Erfolg. Bis 1962 betrieb der »VEB Inseltorfwerk« die Torfstecherei auf industrieller Grundlage. Erst Ende der sechziger Jahre konnte die »Komplexmelioration« von über 1600 ha Bruchland erfolgreich abgeschlossen werden. Heute wird der Bruch weithin landwirtschaftlich genutzt.

Natürlich gibt es auch Geschichten, die sich um den Thurbruch ranken. So soll hier die »Wilde Jagd« besonders nachhaltig ihr Unwesen getrieben haben.

Ein später Wanderer hatte im Thurbruch seinen Weg verpaßt. Dunkel war's, kein Mensch zu sehen, von ferne dräute ein Gewitter. Blitze und Irrlichter zuckten mit bläulichem Widerschein. Ein scharfer Pfiff, ein starker Windstoß zerrte an seinem Wams, und plötzlich knatterte eine Unzahl unheimlicher Wesen durch die mit greulichem Rauschen angefüllte Luft. Mit lautem Hallo und Hoho, Peitschengeknall und knarrendem Kantapper brauste die Wilde Jagd heran, und mitten in der unbändigen Reiterschar, der Mann traute seinen Augen kaum, ein kleines, dickes Mönchlein aus dem Kloster Pudagla, ihm wohlbekannt als zurückhaltender und zuvorkommender Ordensbruder, jetzt aus Leibeskräften lärmend und wüste Verwünschungen ausstoßend. Offensichtlich hatte das Mönchlein an diesem Doppelleben seinen großen Spaß und sauste genauso gerne mit Hussa durch die Lüfte, wie es mit seinen Mitbrüdern fromme Lieder sang.

An einem kleinen Wäldchen vorbei führt die Wirtschaftsstraße durch die Ebene bis zum Straßendorf **Ulrichshorst**, das durch seine eigenwillige Anlage auffällt. Hier wurden Mitte des 18. Jh. die ersten Kolonisten zur Entwässerung des Thurbruchs angesiedelt. Die gepflegten, teils reetgedeckten Häuser sind alle auf der nördlichen Seite der Straße angeordnet. Auf der anderen Seite stehen nur das kleine Feuerwehrhäuschen, der nicht ganz stilechte Dorfkonsum und von kleinen Zäunen umfriedete Gärtchen. So haben jedenfalls alle Ulrichshorster einen gleich guten Blick auf die Ebene, der das Dorf seine Existenz verdankt.

Hinter dem Ort biegen wir auf die Hauptstraße nach links ab, passieren den Campingplatz 0155 und verlassen nach etwa 600 m in der Dorfmitte Korswandts sofort die verkehrsreiche Straße nach links. Am Dorfausgang halten wir uns wieder links und folgen dem Weg, der nach kurzer Zeit in einen ungepflasterten Feldweg übergeht. Am sumpfigen Ostufer des Gothensees vorbei gelangen wir wieder auf die asphaltierte Straße nach Gothen (s.o.), das wir durchqueren. An der Wendeschleife für den Omnibus halten wir uns rechts und fahren den leicht hügeligen Feldweg am Seeufer entlang durch Wiesen und Felder zurück zum Sackkanal, wo wir auf der Maxim-Gorki-Straße nach Heringsdorf zurückkehren.

SEEBAD AHLBECK

AUSKÜNFTE	Kurverwaltung Ahlbeck, Dünenstr. 45, ~~O-2252~~ Seebad Ahlbeck, Tel. 82 28
SEHENSWERTES	Seebrücke Ahlbeck, am Strand Heimatstube Ahlbeck, Talstr. 13 Dorfkirche in Garz
HOTELS	»Waldeck«, Dünenstr. 3, Tel. 84 86 »Strandterrasse«, Dünenstr. 43, Tel. 82 41, 82 51 »Ostseestrand«, Neue Str. 4, Tel. 83 81 Ferienhotel »Pirol«, Hauptstr. 10, Korswandt, Tel. 21 20 und 21 39
CAMPING	Campingplatz Ulrichshorst, Hauptstraße, Korswandt, Tel. 21 10, 160 Plätze, 10 Bungalows Campingplatz »Am kleinen Haff«, Kamminke, Tel. 361, 350 Plätze
GASTSTÄTTEN	**Ahlbeck**: Zahlreiche Restaurants und Gaststätten bieten dem Gast in unterschiedlichen Preisstufen ein breites Angebot, so daß wir auf spezielle Hinweise verzichten. **Korswandt**: »Pirol«, Haupstraße 10 **Garz:** »Wilkes Gasthof« **Kamminke**: »Kaffeestube Kellerberg«, Hauptstraße »Haffblick«, Straße der Freiheit
KINO	Ostsee-Lichtspiele, Dünenstraße
SPORT	Ahlbeck hat eine Tradition als DDR-Tenniszentrum, die gepflegten Tennisplätze befinden sich in der Nähe des Bahnhofs an der Schulzenstraße.
TANKSTELLE	Minol-Tankstelle mit allen Benzinsorten, vom Bahnhof aus ausgeschildert

ÜBERBLICK

In der Chronologie der Usedomer Seebäder wird Ahlbeck als vierter Ort erwähnt. 1852 wurden die ersten Badegäste aufgenommen. Heute ist das nach der Einwohnerzahl zweitgrößte Seebad Usedoms ein angenehmer Urlaubsort mit einer langen Promenade und der einzigen auf der Insel noch erhaltenen Seebrücke, mit vielen Hotels, Pensionen und Villen, einem alten Dorfkern und einem waldreichen Hinterland, das zu ausgedehnten Wanderungen einlädt.

DAS DORF AM AHLBACH

Ahlbecks Geschichte reicht weit über die Einrichtung des Ortes als Seebad zurück. Einer Wassermühle an der Mündung eines ehemals aus dem Thurbruch kommenden Baches, der wegen seines Aalreichtums auch Aalbach (nd. Ahlbeek) genannt wurde, verdankt der Ort sein Entstehen. Dieser Bach, der heute unterirdisch verläuft, diente als Abfluß für die sich immer wieder auffüllenden Seen im Hinterland und war zugleich Grenzgraben. Das Gebiet nördlich des Baches war zu Beginn des 18. Jh. Eigentum des Gutes Mellenthin und später des Gutes Gothen. Als 1720 die Insel Usedom zu Preußen kam, wurde das Land südlich des Wasserlaufes königliches Gelände. Besagte Wassermühle, die um 1700 vom Besitzer des Gutes Mellenthin errichtet worden war, sorgte indes für einigen Ärger bei den Nachbarn. Denn der für die Mühle notwendige Stau der Beek verursachte wegen des geringen Gefälles regelmäßig Überschwemmungen der rückwärtigen Wiesen insbesondere im Thurbruch. Diverse Klagen der betroffenen Bauern sind aktenkundig.

Der Gegensatz zwischen dem adligen Mühlenbesitzer und dem königlichen Interesse an einer florierenden Landwirtschaft wurde schließlich 1771 einvernehmlich geregelt: Auf Veranlassung König Friedrich II. von Preußen wurde der »Mühlstein« des Anstoßes für die beachtliche Summe von 3700 Talern aufgekauft und anschließend beseitigt. Mit der Herausnahme des Mühlwerkes aus dem Bach war überhaupt erst die Voraussetzung geschaffen, das große Projekt der Thurbruchentwässerung anzugehen.

Um gleich vollendete Tatsachen zu schaffen, siedelte der König vier Kolonisten in seinem Teil des Örtchens an, die für die Durchführung der Bereinigungsarbeiten und die zukünftige Regulierung des Ahlbaches zuständig waren.

Damit war per durchlauchtem Federstrich die Gründung des Ortsteiles

Ahlbeck-Königlich vollzogen. Ahlbeck-Adlig, »drüben« gelegen, blieb zunächst hinter der Entwicklung des »königlichen« Ortsteils zurück.

Anfang des 19. Jh. wandelten sich beide Orte zu Fischerdörfern, als nämlich der Oberforstmeister von Bülow, der damalige Besitzer des Gutes Gothen, adliges Land zum Verkauf anbot. Ostseefischer erwarben dort Grundstücke und siedelten sich an. Der Fang von Heringen und Flundern in der Ostsee sicherte den etwa 400 Einwohnern Ahlbecks fortan ihr Auskommen.

DAS SEEBAD

Die erste Badesaison in Ahlbeck organisierte der Gutspächter Holtz aus Stolpe: 1852 schickte er seine Kinder mitsamt Erzieherin an den Ahlbecker Strand zum Seebaden. In weiser Voraussicht ließ Holtz noch eine Fuhre Rohr einpacken, aus der eine Art Badezelt errichtet wurde. Damit war auch in Ahlbeck das Badezeitalter eingeläutet. Stetig stieg die Zahl derer, die der neuen Idee folgten, bis auch die Ahlbecker Fischer ihre anfänglich ausgesprochen abwehrende Haltung aufgaben und den Antrag auf Gründung einer Seebadeanstalt stellten. Im Jahre 1862 weilten schon 314 Badegäste zur Erholung in Ahlbeck.

Mit dieser neuen Einnahmequelle vergrößerte sich auch die Zahl der Bewohner: 1870 hatte der immer noch zweigeteilte Ort etwa 800 Einwohner. Die neugebaute Chaussee zwischen Swinemünde und Heringsdorf brachte weitere Badegäste in das schnell wachsende Dorf. Da die Komfortstandards sehr niedrig lagen, war die Sommerfrische in Ahlbeck auch für weniger Begüterte bezahlbar, ganz im Gegensatz zum benachbarten luxuriösen Heringsdorf. Immerhin investierte man kräftig in die Entwicklung des Tourismus: Badeanstalten wurden am Strand errichtet, Hotels und Pensionen erbaut und die Infrastruktur verbessert. Man erkannte in Ahlbeck jedoch bald, daß die anstehenden Aufgaben nur durch eine Zusammenfassung aller vorhandenen Ressourcen zu bewältigen waren, und betrieb nun den Zusammenschluß beider Ortsteile. 1882 war es schließlich soweit, und die nun vereinigten Ahlbecker gingen tatkräftig ans Werk: Zunächst wurden von der Gemeinde die bis dato in privater Regie geführten Seebadeanstalten aufgekauft, die man bis zum 1. Weltkrieg um eine Reihe weiterer Badeeinrichtungen ergänzte. In Windeseile wurde der Ausbau Ahlbecks zum attraktiven Seebad vorgenommen: 1883 wurde die erste Kurtaxe erhoben, 1894 erhielt Ahlbeck Eisenbahnanschluß, 1895 weihte man die Kirche ein, 1896 wurde die

Warmbadeanstalt erbaut, und 1899 entstand die Seebrücke. Der Aufschwung des Ortes setzte sich in den ersten Jahren des 20. Jh. mit der Gründung eines Elektrizitätswerkes, dem Bau eines Krankenhauses, der Verbreiterung der Strandpromenade und der Errichtung des Musikpavillons fort. 1908 wurde Ahlbeck auch offiziell als »Seebad« anerkannt.

Das »kinderwimmelnde Ahlbeck« nannte Viktor Klemperer in seiner Biographie den Ort, was darauf hindeutet, daß Ahlbeck im Gegensatz zum nahen Heringsdorf nicht den Ruf eines mondänen Seebades genoß. Das sahen die Ahlbecker aber ganz und gar nicht als Nachteil an, denn in der Werbung wurde ein ums andere Mal betont, man sei kein »Luxusbad« und wolle auch keins werden. Bewußt bezog man sich auf die finanzkräftiger werdenden mittelständischen Kreise in Deutschland, was durch die Zahl von über 20 000 Besuchern im Jahre 1910 bestätigt wird.

Wie in den anderen Bädern Usedoms bedeuteten der 1. Weltkrieg und die nachfolgende Hyperinflation auch in Ahlbeck einen tiefen Einschnitt in die vorher so erfolgreich verlaufene Entwicklung. Erst 1927 wurden die Übernachtungszahlen der Vorkriegszeit wieder erreicht. Ende der zwanziger bis Mitte der dreißiger Jahre wurde das Seebad weiter ausgebaut und verfügte bei einer Größe von 3500 Einwohnern über 138 Hotels und Pensionen. Bis in den 2. Weltkrieg hinein blieb Ahlbeck ein beliebtes und vielbesuchtes See- und Kurbad, bis dann kriegsbedingt auch hier der Badebetrieb eingestellt wurde.

Nach der kampflosen Übergabe des Ostteils der Insel Usedom an die Rote Armee und der Kapitulation des Dritten Deutschen Reichs wurde Ahlbeck Verwaltungszentrum für den Kreis Usedom und behielt diese Funktion bis 1952 bei. Obwohl in diesen Jahren viele Hotels und Pensionen für Verwaltungseinrichtungen reserviert waren und damit für Urlauber nicht zur Verfügung standen, begann bereits 1950 die erste Badesaison unter »neuen« Bedingungen mit dem Angebot von 10 Hotels, 7 Pensionen, 19 Fremdenheimen und 758 Betten in Privatquartieren. Nach 1953 wurde der Ausbau Ahlbecks durch die staatlichen Organe beschlossen. Durch die Verlagerung der Verwaltungseinrichtungen in die neue Kreisstadt Wolgast wurden Kapazitäten frei. Der Feriendienst des FDGB organisierte von nun an den Urlaub für die Werktätigen. War Ahlbeck zuvor das Seebad des Mittelstands, so wurde nun dafür gesorgt, daß die Frage des Geldes für einen Urlaub am Strand der Ostsee nicht im Vordergrund stand. 1957 wurde die an der Strandpromenade gelegene FDGB-Großverpflegungsstelle »Haus der Erholung« eröffnet, ein großzügig gestaltetes, im Stil der fünfziger Jahre ausgestattetes Kulturzentrum mit Tanzsaal, Bar und Klubräumen. Auch einige modernere Häuser sind am östlichen Teil der Promenade zu finden, was aber der Gesamterscheinung des alten Seebades keinen Abbruch tut.

Selbstverständlich stehen auch in Ahlbeck die repräsentativen Villen und mehrstöckigen Hotels an der ausgedehnten Promenade. Die Pensionen in der zweiten Reihe müssen sich mit ihren Erkern, Wintergärten und Balkonen jedoch nicht verstecken. Insgesamt wirkt hier alles etwas kleiner, beschaulicher und weniger protzig als im Nachbarbad Heringsdorf. Groß ist es schon, das heutige Ahlbeck, ein Stadtrundgang erfordert einige Zeit, und Spaziergänger können in den Seitenstraßen allerlei interessante Details und nette Besonderheiten entdecken.

Ein Besuch der **Heimatstube Ahlbeck** in der Talstraße 13, im ältesten Teil des Ortes, lohnt sich in jedem Fall. Hier hat eine engagierte Gruppe Ahlbecker Bürger mit großem Einsatz und viel Enthusiasmus ein interessantes Museum zur Entwicklung des Seebades geschaffen, das wertvolle und aufschlußreiche Einblicke in die Geschichte Ahlbecks vermittelt. Von der gleichen Gruppe wird der neue *»Ahlbecker Badeanzeiger«* herausgegeben, der vierzehntägig erscheint und in gelungener Mischung alte

Geschichten und neueste Nachrichten vereint, ohne dabei ein Blatt vor den Mund zu nehmen.

Natürlich stoßen Sie in Ahlbeck immer wieder auf die **Seebrücke**, die neben den typischen Fischerbooten den breiten Strand dominiert. 1899 erbaut, ist sie heute das einzige noch erhaltene Exemplar der früher an der Ostseeküste, und besonders auf Usedom, verbreiteten Landungsbrücken. Ursprünglich als Zweckbauten angelegt, die wegen des flachen Strandes der

Warten auf den Heringsfang...

Ostsee bis zu 500 m ins Wasser hinausreichten, um auch Schiffen mit größerem Tiefgang das Anlanden zu erlauben, wurden diese Bauwerke zum Mittelpunkt der Promenaden in den aufstrebenden Seebädern. Wurde vormals der Transport der Badegäste und Urlauber über See abgewickelt, so verloren die Landungsbrücken mit dem Bau der Chausseen und der Eisenbahn diese Funktion, wurden aber weiterhin für die Seeverbindungen zwischen den Bädern und als Ausgangspunkt für Schiffsausflüge nach Swinemünde und in die Ostsee genutzt. Dank ihrer zentralen Lage wurden die Seebrücken rasch zum Zentrum des Badelebens. In Heringsdorf war die verspielte Holzkonstruktion Teil eines umfangreichen Ensembles um das Kurhaus, in Ahlbeck beherbergt das elegante, im Wasser stehende, von vier Türmchen flankierte Bauwerk das Restaurant »Seebrücke«. Das Versprechen des neuen Pächters, die ursprüngliche Einrichtung mit dem 300 m in die See hinausreichenden Bootsanleger wiederherzustellen, wurde bislang noch nicht eingelöst.

Die großzügige, baumbestandene **Promenade** zieht sich weit am Strand entlang. Nahe der Seebrücke finden wir den Konzertplatz mit dem Musikpavillon, vor dem Zugang zur Seebrücke steht als Stiftung eines betuchten Urlaubers eine im Jugendstil gehaltene Uhrsäule. Pavillons mit den kleinen Dingen des Urlauberbedarfs säumen die breite Anlage. Im nördlichen Teil liegen zwischen Promenade und Strand in den Dünen Fischerhütten, in denen auch heute noch die Ahlbecker Fischer ihre Netze aufbewahren. Neben den Holzschuppen stehen Bündel von langen Markierungsstangen mit bunten Wimpeln an der Spitze, Kisten liegen ordentlich gestapelt herum, und kleine Transportwagen warten auf den nächsten einzuholenden Fang. Auch im Trubel des sommerlichen Urlauberansturms gehen die Ahlbecker Fischer seelenruhig ihrem Gewerbe nach; mögen sie es noch lange so tun können.

WANDERUNGEN

Vom Ostseebad Ahlbeck aus gibt es mehrere Möglichkeiten, ins nahe gelegene **Korswandt** zu gelangen, das als Ausgangspunkt für schöne Wanderungen in den Ostteil der Insel vorzüglich geeignet ist.

Die anstrengendste zuerst: Etwa 100 m Richtung Grenze hinter dem Bahnhof geht rechts die Straße nach Korswandt ab. Nach Überquerung der Industriegleise zweigt nach etwa 150 m links ein Fußweg ab, der steil hinauf auf den Zirowberg (59 m) führt. Die schöne Fernsicht lohnt den Aufstieg. Hinab geht's durch wunderschönen Mischwald in südwestlicher Richtung bis zur Ortseinfahrt von Korswandt (Markierung: gelbes Kreuz).

Der zweite und der dritte Wanderweg beginnen im Zentrum Ahlbecks, der Lindenstraße, und führen an der Feuerwehr vorbei auf der Waldstraße nach Süden. Kurz vorm Waldesrand gabelt sich der Weg. Wer sich links hält, wandert durch den herrlichen Wald, allerdings hügelan fast parallel zur Autostraße, rechts gelangt man am Friedhof vorbei und nimmt den bequemsten, aber etwas weiteren Weg, der an einer Feriensiedlung den Wald verläßt. Hier muß man sich links wenden, um über die Dorfstraße ins Zentrum Korswandts zu kommen.

Wanderungen mit dem Ausgangspunkt Korswandt

Korswandt ist ein kleines, ruhiges Dorf. Die schöne alte Dorfstraße ist gesäumt von Reetdachhäusern und alten Kastanienbäumen. Hier werden zahlreiche Privatzimmer vermietet. Im Ortsinnern wehen lila Flaggen über der modernen Ferienanlage der Minol AG, dem »Ferienhotel Pirol Korswandt«. Mit Übernachtungspreisen um DM 100,- ist das zwar keine preiswerte Unterkunft, bietet aber den im Westen der Republik üblichen Standard. Ein nettes Restaurant gehört zu der Anlage.

1. *Kleine Wanderung um den Wolgastsee*
(1 Std., auch für Fahrrad)
Wer nur eine kleine Wanderung vorhat oder einen Spaziergang verbinden möchte mit Rudern, Angeln, Baden oder einem Dorfbesuch, dem empfehlen wir den Weg rund um den Wolgastsee (Markierung: grüner Punkt).

Ausgangspunkt ist das am Ortseingang gelegene »Idyll am Wolgastsee«, ehemals eine beliebte Ausflugsgaststätte. Die alleinstehende Villa, an der die Zeit nicht spurlos vorbeigegangen ist, hat einen gewissen verträumten Charme behalten. Zur Zeit (Ende 1991) ist die Gaststätte geschlossen, blinde Fensterscheiben und verblichene Plakate am Eingang lassen vermuten, daß schon länger kein Gast mehr hier weilte. Dem See zugewandt lassen sich zwei riesige alte Eichen bewundern, und hier steht auch die älteste Rotbuche der Insel; sie trägt das Prädikat »Naturdenkmal«. Am See finden sich ein kleiner Sandstrand mit Bänken und ein Ruder- und Tretbootverleih, wo auch Angelkarten erworben werden können.

Rechts am Strand vorbei führt ein leicht steiniger Waldweg durch einen lichten Buchenwald die südliche Seeseite entlang. Zahlreiche kleine Buchten sind vom Weg aus zugänglich. Kurz hinter der Ostspitze des Sees gabelt sich der Weg, wir gehen links durch ein kleines Nadelwäldchen, das ein wahres Paradies für Spinnen ist. Für Fahrradfahrer ist für ein kurzes Stück der an sich feste Sandboden nach längerem Regenwetter unter Umständen etwas mühsam. Anschließend führt der feste Waldweg an der Nordseite des Sees durch den Wald zum Ausgangspunkt zurück. Unterwegs kann man an einem ausgedehnten Sandstreifen gut Rast machen und den Reihern beim Fischfang zusehen.

2. *Weitere Wanderwege*

Hinter der Anlage des Ferienhotels »Pirol« in Korswandt beginnen sanft geschwungene Felder mit einzelnen Waldstücken, durch die man schön wandern kann. Gut ausgeschilderte Wege führen am kleinen, in einer Waldschlucht gelegenen Krebssee vorbei bis zur heute kaum befahrenen alten Reichsstraße 110, von der wir nach ca 200 m rechts in den breiten Sandweg abbiegen. Dieser Weg unterquert den Bahndamm der stillgelegten alten

Federn lassen...

Bahnlinie nach Swinemünde (bis hierhin mit waagerechtem rotem Balken markiert) und führt geradewegs zum kleinen Kirchdorf **Garz**. In dem 1242 erstmals genannten Dörfchen ist nur die Kirche erwähnenswert: Der malerisch von Bäumen umrahmte, turmlose Findlingsbau aus dem 15. Jh. besitzt einen separaten Glockenstuhl.

»Wilkes Gasthof« unweit der Kirche bietet solide Küche. Von der Dorfmitte führt ein breiter Betonweg Richtung Flugplatz Heringsdorf-Garz. Nach etwa 100 m biegen wir links in den Sandweg ein und folgen diesem (an der ersten Abzweigung links halten, Markierung: grüner Punkt) durch abwechslungsreiche, leicht hügelige Landschaft mit schönem Ausblick auf die nahe Bergkuppe des Golm und das blinkende Haff, am alten Friedhof vorbei bis zum steil abfallenden Ortseingang von Kamminke. Hier führt eine schmale, abschüssige Straße hinunter ans Haff.

3. *Nach Kamminke am kleinen Haff über den Golm (2,5 Std., auch für Radfahrer geeignet).*
Von Korswandt aus gehen wir (wie bei der 1. Wanderung) die südliche Seite des Wolgastsees entlang und folgen dem Weg geradeaus durch dichten Buchenwald, bis sich nach einiger Zeit die Landschaft öffnet und eine weite, von Gräben durchzogene sumpfige Ebene in den Blick kommt. Wir passieren den inzwischen völlig verlandeten Zerninsee und stoßen bald auf die alte Reichsstraße 110, die Anklam mit Swinemünde verband. Heute wartet die wunderschöne Allee, abgeschnitten vom großen Verkehr, mit grasüberwuchertem Kopfsteinpflaster auf bessere Zeiten. Wer möchte, kann die kurze Strecke bis zur Grenzstation laufen, um den Posten ein wenig bei ihrer einsamen Aufgabe der Grenzbewachung zuzusehen und vielleicht auch ein Schwätzchen zu halten. Der Grenzübergang ist ausschließlich der GUS-Besatzung des Garzer Flughafens vorbehalten. Der freundliche polnische Grenzbeamte lacht still in sich hinein und sagt: »Vielleicht noch ein Jahr...«. Möglicherweise entsteht hier aber bald ein richtiger Grenzübergang.

Auf der anderen Straßenseite erhebt sich schon mächtig der dicht bewaldete **Golm**, ein für Usedomer Verhältnisse beeindruckender Höhenzug von 69 m Höhe, der als Naturschutzgebiet ausgewiesen ist. An seinem östlichen Fuß führt ein Feldweg entlang (markiert mit grünem Punkt), von dem aus auch Wege den steilen Hang nach oben führen. Diverse Sagen und Geschichten ranken sich um diesen »Berg«. Eine der schönsten erzählt von der verwunschenen Golmprinzessin:

Wo sich heute der Golm erhebt, stand einstmals ein prachtvolles Schloß, in dem ein raffgieriger, hartherziger Fürst mit seinem herzallerliebsten Töchterlein gewohnt hat. Mißtrauisch um seine Schätze besorgt wies der Vater jeden, auch den stattlichsten Freier ab, so daß die Tochter einsam blieb.
Bei einem ihrer seltenen Ausritte an die steil abfallende Küste wurde ihr Pferd von einem riesigen Wolf angefallen, scheute und fiel zusammen mit der schönen Prinzessin den Abhang hinunter. Als sie wieder erwachte, lag sie in den Armen eines jungen Fischers, der zu Hilfe geeilt war.
Seit diesem Tage trafen sich die beiden regelmäßig und kamen einander näher. Natürlich wollte der junge Fischer die Prinzessin freien und beschloß, vor ihren Vater hinzutreten und um ihre Hand anzuhalten. »Freie Seesassen sind wir, und das Haus meines Vaters steht an der Mündung der Swine!« sprach stolz der junge Mann. Das allerdings konnte den aufgebrachten Fürsten überhaupt nicht beeindrucken. Er sprang aus seinem goldgeschmückten Sessel und schrie: »Du

Knecht, du wagst es...!« und gab seinen Schergen einen Wink: »Packt ihn, bindet ihm die Hände und dann ab mit dem Frechling ins Meer!«
Die Prinzessin erfuhr nichts von der grausamen Tat und wartete weiter jeden Morgen an der vereinbarten Stelle auf den Geliebten. Eines Tages sah sie eine an den Strand gespülte menschliche Gestalt. Bebend erkannte sie ihren Bräutigam: tot, mit gebundenen Händen. Voll Schmerz vergewärtigte sie sich den Grund seines Todes und sprach: »Du hast um mich gefreit und mußtest so grausam sterben...«.
Die Jahre gingen ins Land, und schon lange wagte es kein Freier mehr, um die Hand der immer noch schönen Prinzessin anzuhalten.
Da erschien eines Tages ein stolzer Ritter, schwarz gewandet, schwarz die Augen und die Haare. Nachdrücklich begehrte er Einlaß in des Fürsten Schloß, als in der Ferne ein düsteres Gewitter aufzog. Natürlich wies der Vater auch diesen Freier mit dürren, beleidigenden Worten ab. Kaum hatte er geendet, als ein furchterregender Donnerschlag das Schloß bis in die Grundfesten erzittern ließ. Schwefeldämpfe stiegen auf, und die Gestalt des schwarzen Ritters wuchs vor den Augen des geizigen Fürsten ins Riesenhafte. Mit dumpf tönender Stimme verkündete er dem erschreckten Fürsten: »Da du deine Schätze mehr liebst als deine Tochter, so sei dein Schloß mit allem, was darinnen ist, zur Strafe verwandelt in einen hohen Berg. Deine Tochter, der du unendliches Leid zugefügt hast, kann erlöst werden, du aber seist auf ewig verdammt!«
Fortan erhob sich an dieser Stelle ein Berg, der Golm, und viele Wanderer haben dort oben den weiten Ausblick genossen. Allerdings erzählte man sich in der Gegend hinter der Hand die Geschichte von der Golmprinzessin, die immer am Johannistag dort auftauchen solle, aber nur sehr selten gesehen worden sei.
So wunderte sich einst ein junger Fischer, der schon im Dämmerlicht am Golm vorbeikam, als er plötzlich vor einer riesenhaften Eiche stand, die er hier noch nie gesehen hatte. Aus einem Spalt der Eiche entstieg die Prinzessin, das Gesicht mit einer Borke verunziert, mit langen grünen Haaren wie Seetang und der Kopf mit Moos bewachsen! Mit trauriger Stimme richtete sie das Wort an den bebenden jungen Mann: »Sieh, du kannst mich erlösen. Werde mein Ehegemahl, und alle Schätze im Berg sind dein. Meine schöne Gestalt erlange ich wieder. Erlöse mich!« Zitternd vor Schreck und Entsetzen ergriff der Fischer die Flucht vor dem häßlichen Weib. »Nur ein mitleidiges Herz voll reiner Liebe kann mich erlösen«, sprach die grüne Prinzessin, »aber du fürchtest dich so sehr... Nun muß ich wieder viele Jahre auf meine Erlösung warten!«
Die schaurige Gestalt soll im Laufe der Jahrhunderte noch anderen Menschen erschienen sein, doch hat niemand den Mut aufgebracht, die Prinzessin zu freien.

Mag das in der Geschichte erwähnte Schloß der Sagenwelt zuzuschreiben sein, so kann man hier auf dem Golm tatsächlich die Überreste einer slawischen Burganlage entdecken. Sie liegt direkt am steil Richtung Swinemünde hin abfallenden Berghang und ist im dichten Gestrüpp mehr zu erahnen als zu sehen. Der zickzackförmige Graben läßt die ursprüngliche Größe der Anlage gut erkennen.

Die in vielen Büchern und Sagen erwähnte gute Rundsicht hat man heute leider nicht mehr. Der dichte Baumbestand läßt nur vereinzelt einen kleinen Durchblick auf die Neubauviertel Swinemündes zu.

Die Opfer des anglo-amerikanischen Luftangriffs auf Swinemünde vom 12.3.1945 wurden auf dem Golm beigesetzt. Ein schlichtes, ernstes Mahnmal innerhalb des ruhigen Parks erinnert an die Opfer. »23 000 Tote des Weltkrieges mahnen« lautet die Inschrift des kranzgeschmückten Denkmals.

Nicht mehr weit ist es nun bis **Kamminke**, wo wir in der »Kaffeestube Kellerberg« an der Hauptstraße einkehren können. Die holprige Dorfstraße führt leicht abfallend vorbei an reetgedeckten kleinen Fischerhäusern bis zum Hafen Kamminke am Kleinen Haff.

Eine Steinskulptur für den unbekannten Fischer erhebt sich an der Anlegestelle. Rechts dämmern die Anlagen der ehemaligen »FPG Inselfisch« einer ungewissen Zukunft entgegen. Auf den Dächern der Flachbauten haben sich eine Unzahl von Möwen und Seeschwalben häuslich eingerichtet, einige alte Kähne dümpeln im brackigen Haffwasser vor sich hin, überall stehen altes Werkzeug und leere Fischkisten herum, nur die davor zum Trocknen und Flicken aufgespannten Reusen und Netze lassen überhaupt den Gedanken an noch aktive Fischerei aufkommen.

Kamminke ist das Ende der Welt. Man muß nicht so weit gehen, wie ein Ahlbecker, der »hier nicht tot über'm Zaun hängen will«, aber eine gewisse Endzeitstimmung und Melancholie überkommt einen unweigerlich. Weit geht der Blick übers Haff. Nur Möwengeschrei unterbricht die völlige Stille, die dieser Flecken ausstrahlt, und selbst die allgegenwärtigen Katzen scheinen hier noch um einen Grad lethargischer als sonst in den Vorgärten zu sitzen.

Verweilen Sie hier ein wenig und lassen Sie die ganz besondere Atmosphäre auf sich wirken. Sie können kleine Spaziergänge am Haff machen. Rechts gelangt man an den Gebäuden der FPG vorbei an ein kleines Stück Strand. Mit dem Blick auf das Festland und der waldbestandenen Steilküste im Rücken läßt es sich hier gut verweilen. Vom Hafen aus können wir auch

Trockene Reusen halten länger...

nach links über den niedrigen Deich und an Gärten vorbei bis zur nahen polnischen Grenze gehen. Vorzüglich (Fisch) essen kann man in der Gaststätte »Haffblick« in der Straße der Freiheit. Fast möchte man noch instinktiv mit Mark der DDR zahlen, denn bis auf die unvermeidliche Biermarke aus westlichen Regionen hat sich hier die typisch realsozialistische Kneipenatmosphäre noch unverfälscht erhalten. Der freundliche Ober erklärt die Speisekarte im breitesten Sächsisch, Soljanka und Würzfleisch werden hier noch wie eh und je zubereitet.

Vom kleinen Hafen aus unternimmt die Ueckermünder Haff- und Seetouristik mit der »MS Ueckermünde« 1 1/2-stündige Fahrten ins Kleine Haff.

Nicht weit vom Hafen zweigt eine schmale Straße von der Dorfstraße ab, sie führt steil den Abhang hinauf zur »Alten Mühle«, wo man Bungalows mit herrlichem Blick übers Haff und bis weit hinein nach Polen mieten kann (Auskunft: Hauptstr. 36).

DAS SÜDLICHE HINTERLAND

SCHLOSS MELLENTHIN UND UMGEBUNG

Mellenthin – Morgenitz – Dewichow – Balm – Neppermin

AUSKÜNFTE	Gemeindeverwaltung Mellenthin, Dorfstr. 25, O-2251 Mellenthin, Tel. Benz 213 Gemeindeverwaltung Morgenitz, Dorfstr. 21, O-2251 Morgenitz, Tel. 423
SEHENSWERTES	Dorfkirche und Schloß in Mellenthin slawischer Burgwall (Schwedenschanze) Dorfkirche in Morgenitz Naturschutzgebiet Cosim
GASTSTÄTTEN	**Mellenthin**: »Burgschänke«, im Schloß, Sa + So 10-22 Uhr, Mo, Do, Fr 11-22 Uhr **Morgenitz**: »Bauernstube«, tägl. 9-24 Uhr
VERBINDUNGEN	Busverkehr zwischen Bansin, Heringsdorf, Ahlbeck und Mellenthin mit dem Auto: von der B 110 zwischen Usedom und Zirchow Richtung Ückeritz abbiegen, nach ca. 1 km links abzweigen, etwa 500 m bis Mellenthin; oder von der B 111 am Bahnhof Schmollensee abbiegen, weiter auf der Landstraße durch Pudagla und Neppermin, nach ca. 2 km scharf rechts einbiegen in die Allee nach Mellenthin (ausgeschildert)

ÜBERBLICK

Im Herzen der Insel, auf halber Strecke zwischen dem betriebsamen Landstädtchen Usedom und den quirligen Seebädern liegt das ruhige Dorf Mellenthin. Einen Ausflug hierher lohnen die mittelalterliche Kirche und der wohl schönste Herrensitz der Insel, das Schloß Mellenthin. In der nahegelegenen Mellenthiner Heide kann man wandern; rechts und links des Weges ist das Terrain jedoch großenteils militärisches Sperrgebiet.

RUNDGANG

Eine breite, mit alten Bäumen bestandene Straße führt ins Zentrum des Ortes **Mellenthin**. Hier erhebt sich hinter einer Findlingsmauer die mittelalterliche **Dorfkirche**, die zu den schönsten und interessantesten der Insel zählt.

1338 wurde sie als Kapelle gebaut; der Chorraum mit der nördlich angrenzenden Sakristei und der reizvolle Ostgiebel stammen aus dieser Zeit. Im 15. Jh. wurde das Langhaus aus Backstein angegliedert, und um 1750 erhielt die Kirche das Turmoberteil mit seiner geschwungenen Haube.

Im Inneren ist ein eingemauerter Mahlstein sehenswert, der jahrhundertelang als Weihwasserbecken diente. Ein Relief stellt den Schloßherrn Rüdiger von Neuenkirchen und seine Frau Ilsabe von Eickstett dar. Aufwendiges Schnitzwerk schmückt die Orgelempore. Einzigartig auf Usedom sind die mittelalterlichen Kreuzrippengewölbe im Chorraum, die mit Wandmalereien ausgeschmückt sind. Erst 1930 wurden die alten Fresken wiederentdeckt. Der für Mellenthin zuständige Pfarrer von Kymmel bangte im letzten Herbst um den Erhalt der alten Fresken, weil durch das undichte Dach der Kirche einsickerndes Wasser sie zu ruinieren drohte. Die Gelder für die Dachrenovierung seien erst kürzlich bewilligt worden, so der Gottesmann, doch ihn plage nun das sehr weltliche Problem, die nicht unerhebliche Summe vorschriftsgemäß bis zum 31.12. des Jahres auch ausgeben zu können. Ob er in der noch verbleibenden kurzen Zeit die entsprechenden Materialien herbeischaffen könne, das sei doch sehr zweifelhaft. Hoffen wir, daß das Schicksal der Fresken nicht durch die Fallstricke der Bundeshaushaltsordnung besiegelt wurde.

Von der Kirche aus folgen wir der rechten Dorfstraße und kommen nach wenigen Schritten zu den ehemaligen Wirtschaftsgebäuden von Mellenthin. Auf dem langgestreckten Backstein-Gutshof haben sich inzwischen Störche ihr Nest gebaut. Vor uns liegt auf einer künstlichen Insel das **Schloß Mellenthin**.

Über Jahrhunderte hinweg war es der Sitz der Familie von Neuenkirchen (Newkerken, Nienkerken), die neben dem Kloster Pudagla die meisten Güter auf der Insel besaß. Mellenthin, Dargen, Dewichow, Balm, Waschensee, Gothen, Neuhof und Gellenthin zählten zu ihrem Landbesitz.

Die älteste historische Quelle, die das Gebäude erwähnt, stammt aus dem Jahre 1288. Damals war es als eine von Wall und Graben umgebene

Schloß Mellenthin

Burg errichtet worden. An ihrer Stelle ließ Rüdiger von Neuenkirchen 1575 das Schloß erstellen, wie es heute noch zu sehen ist. *Anno 1575 hat der etle (...) Rodiger v Nvgkirchen dises Havs ghefvndert (...).*, so berichtet eine Tafel in der Schloßhalle. Das reichverzierte Grab von Rüdiger von Neuenkirchen und seiner Gattin sind in der Mellenthiner Kirche zu besichtigen.

Mit dem Tod Christophs von Neuenkirchen 1641 starb das reiche Adelsgeschlecht aus. Zur Zeit der schwedischen Herrschaft wurden die Ländereien als Lehen vergeben. Bis 1669 besaßen sie der schwedische Reichsgraf Johann Oxenstierna und seine Gemahlin Margarete von Brahe. Danach wechselten die Güter immer häufiger den Besitzer; Schloß und Land Mellenthin wurden dreimal zwangsversteigert. Der größte Teil des Grundbesitzes wurde um 1930 von einer Gesellschaft aufgekauft und in Siedlerstellen aufgeteilt. Nach dem 2. Weltkrieg ging der Restbesitz in Staatseigentum über und wurde von einer LPG genutzt.

Die 1942 neugestaltete Brücke führt uns über einen breiten, teilweise verlandeten Wassergraben, der noch aus der ersten Bauphase der Anlage stammt, und bringt uns direkt zum Haupteingang. Das zweigeschossige Hauptgebäude wird von zwei einstöckigen Seitenflügeln flankiert. Alle drei Gebäudeteile sind aus Backstein und tragen nur wenig Schmuck. Hinter dem Schloß kann man den zugemauerten Einstieg in jenen sagenumwobenen unterirdischen Gang entdecken, der im Mittelalter Mellenthin mit dem 7 km entfernten Kloster Pudagla verbunden haben soll.

Sehenswert sind die schönen Gewölbe der Keller- und Erdgeschoßräume; der Remter (Speise- und Versammlungssaal) ist sogar mit Schmuck verziert. Ein besonderes Kleinod ist der aufwendig geschmückte Renaissance-Kamin im Obergeschoß. Masken und Arabesken bestimmen den Unterbau und den Giebel. Auf dem Unterbau tragen zwei männliche Figuren in römischer Tracht die Kapitelle und das Gesims; den Oberbau ziert ein rechteckiger Stuckfries. Voll Ungeduld treibt vorn der Wagenlenker (der Teufel?) die sich aufbäumenden Pferde an, während hinten der römische Gladiator das Geschehen in angstvoller Spannung verfolgt.

In der Kirche Mellenthins soll auch der »Ritter mit der goldenen Kette« beigesetzt sein, von dem folgende romantische Sage erzählt:

In eine junge, hübsche Nonne, die im Kloster von Pudagla lebte, verliebte sich einst der Ritter von Neuenkirchen, den man überall den »Ritter mit der goldenen Kette« nannte, weil er um seinen Hals eine schwere Kette aus purem Gold trug, die er niemals ablegte. Die Sehnsucht des Ritters war so stark, daß er ohne das geliebte Mädchen nicht weiterleben wollte. Er beschloß deshalb, sie aus dem Kloster zu entführen, und grub einen unterirdischen Gang, der von seinem Schloß in Mellenthin zum Kloster Pudagla führte.

Als er nach sieben Wochen sein Werk vollendet hatte, entführte er die Nonne und brachte sie auf sein Schloß. Er heiratete sie in aller Stille und lebte dort eine Weile glücklich mit ihr, bis die Sache ruchbar wurde.

Das Kloster wandte sich an den Herzog von Stettin, damit er den Ritter zur Verantwortung ziehe, und selbiger schlug ihn in Acht und Bann. Der Ritter wurde dazu verurteilt, Mellenthin nicht mehr zu verlassen. Als dazu noch der Bruder der Nonne mit einer Gruppe bewaffneter Krieger vor dem Schloß erschien und mit Gewalt die Herausgabe seiner Schwester erzwingen wollte, begann ein ganzes Jahr der Belagerung, der der Ritter jedoch unbeugsam standhielt.
Da zeigte sich der Herzog beeindruckt von der großen Liebe des Ritters, so daß er Acht und Bann aufhob und das Ende der Belagerung veranlaßte. Der Ritter verbrachte mit seiner schönen Frau viele glückliche Jahre auf dem Schloß, und als beide starben, setzte man sie in der Kirche zu Mellenthin bei, und der Ritter wurde, wie er es gewünscht hatte, mit seiner goldenen Kette begraben.

WANDERUNGEN

1. *Von Mellenthin über Balm und den Cosim nach Neppermin (Wander- oder Fahrradtour)*
Wir verlassen Mellenthin in nördlicher Richtung. Am kleinen Dorfkonsum vorbei erreichen wir die Plattenfahrstraße, die durch die ebene Landschaft zwischen Krienker und Balmer See führt. Rechter Hand erhebt sich ein bewaldeter Hügelrücken, der Borgwald. Hier kann man einen altslawischen Burgwall aus dem 9. Jh., die sogenannte Schwedenschanze, entdecken. Nach etwa 2 km gelangen wir an eine Kreuzung, wo wir nach rechts auf die schmale Asphaltstraße abbiegen. In dem kleinen Örtchen Balm wenden wir uns in der Ortsmitte nach links, wo sich ein schöner Blick auf den Balmer See, eine Bucht des Achterwassers, eröffnet. Wir folgen dem Verlauf der Straße, die bald zu einem Sandweg wird. An einem Wäldchen entlang führt uns der Weg hinab zum schilfgesäumten Achterwasser, wo sich ein kleiner Badestrand befindet. Kurz vorher passieren wir einen Abzweig nach rechts zur Halbinsel Cosim (Naturschutzgebiet), die idyllisch mit zwei schmalen Landzungen ins Achterwasser hinausragt.

Zurück gehen wir den gleichen Weg bis Balm, wo wir der von Bäumen gesäumten Straße geradeaus ca. 1 km bis **Neppermin** folgen. Wer möchte, kann in der am Ufer gelegenen Gaststätte (schöner Blick über den Balmer See) einkehren und anschließend mit dem Bus zurück in die Bäder der Ostseeküste fahren.

2. *Rundtour von Mellenthin über Morgenitz, Dewichow, den Cosim und Balm und zurück nach Mellenthin (Wander- oder Fahrradtour)*
Von der Dorfkirche aus gehen wir etwa 200 m Richtung Süden bis zum Abzweig nach Morgenitz. Die schmale Straße führt 2 km leicht gewunden durch Felder und einen dichten Mischwald nach **Morgenitz**. Der Flecken ist geprägt durch kleine Bauernhäuser. Am Ortsausgang steht die Dorfkirche mit separatem Glockenstuhl, direkt daneben das Pfarrhaus. Auf dem Kirchhof kann man eine Sammlung von Trogmühlen aus der Bronzezeit sowie slawische Mahlsteine und einen Taufstein aus Granit besichtigen. Zurück in der Dorfmitte wenden wir uns nach links und folgen der Straße nach **Dewichow**, das wir nach etwa 1,5 km auf holprigem Pflaster erreichen. Hinter dem Straßendorf verwandelt sich die Straße in einen Sandweg, der durch flaches, von Wassergräben durchzogenes Gelände parallel zur Küste über 3 km bis nach Balm führt. (Wanderer mit weniger Puste biegen kurz hinter dem Ortseingang Dewichows rechts ab und gehen die asphaltierte Straße durch die von Wiesen und Baumgruppen geprägte flache Landschaft bis zum nächsten Abzweig, wo sie sich rechts halten und den Plattenweg zurück nach Mellenthin gehen.) In der Ortsmitte von **Balm** biegen wir rechts ab und folgen der Straße durch ein lichtes Wäldchen bis zur kleinen Kreuzung, wo wir links auf den Plattenweg einbiegen und mit Blick über die weite Landschaft nach Mellenthin zurückkehren. Kurz vor dem Ort finden wir linker Hand den oben erwähnten slawischen Burgwall.

DER LIEPER WINKEL

Wer vom Rummel in den Seebädern genug hat, sehnt sich nach Beschaulichkeit und Ruhe, nach ländlicher Einsamkeit und dem Eintauchen in die Natur. Das geht vorzüglich auf Usedom, man wende sich nur in die eher abgelegenen Regionen am Achterwasser oder am Kleinen Haff. Ein Winkel, in dem Sie die obengenannten Reize mit Sicherheit finden werden, trägt den Namen **Lieper Winkel**.

Benannt nach dem Städtchen Liepe, das ziemlich genau in der Mitte der weit ins Achterwasser hineinragenden Halbinsel liegt, bietet diese Landschaft genau die richtige Mischung aus Natur und ländlichem Leben, die sich mancher ruhebedürftige Großstädter insgeheim ersehnt. Noch im Mittelalter war dieser Landstrich durch unzugängliche Wälder vom Rest der Insel abgetrennt. Bis heute, so zeigt ein Blick auf die Karte, ist der Lieper Winkel ein von den pulsierenden Verkehrsadern des Tourismus weit abgelegener Landstrich. Doch gemach, wir wollen uns dem hiesigen Lebensrhythmus anpassen und geruhsam vorgehen.

Fährt man auf der B 110, die die vielbefahrene Verbindung zwischen dem Festland und den südlichen Seebädern Usedoms herstellt, so taucht mitten in einem ausgedehnten Waldgebiet, der Mellenthiner Heide, der Abzweig nach Liepe auf. Die kleine Straße führt durch dunklen Mischwald und erreicht nach kurzer Wegstrecke den Flecken Suckow, wo man links abbiegt und dem gewundenen Straßenverlauf folgt, an den dreieinhalb Häusern Krienkes vorbei. Die schöne, schmale Allee führt nun geradenwegs nach **Rankwitz**, das mit seinen kleinen Fischerhäusern einen idyllischen Eindruck macht. Am Ortseingang fallen links die Hafenanlagen sogleich ins Auge. Wo früher einheimischer Fisch verarbeitet wurde, herrscht heute eher gebremster marktwirtschaftlicher Neuanfang. Zu diesem Teilbetrieb der FPG »20. Jahrestag« in Lassan gehörte auch eine moderne Fischaufzuchtanlage, die Setzlinge zog und in Freigehegen Forellen- und Karpfenmast betrieb. Der Zustand der Gebäude am Hafen läßt keinen Rückschluß auf die Zukunftsaussichten der Usedomer Fischproduktion zu. Zu wünschen wäre natürlich eine Erweiterung des Angebots der Usedomer Gastronomie um Fische aus heimischer Produktion; ob sich diese allerdings gegen den fast allgegenwärtigen tiefgefrorenen panierten Seelachs aus nordatlantischen Gewässern durchsetzen kann, bleibt abzuwarten. Der Fischliebhaber sollte jedenfalls immer wieder nach Usedomer Fisch fragen und so möglicherweise einen Wandel im zum Teil noch begrenzten lukullischen Angebot bewirken.

Etwa 500 Meter weiter liegt das eigentliche Zentrum von Rankwitz, wo mit schönem Blick auf den Peenestrom, ihren 'Arbeitsplatz', die Fischer wohnen. Hinter Rankwitz biegt von der Landstraße links eine kleine Plattenfahrstraße Richtung Strom ab, an dessen Ufer entlang der Weg nach **Quilitz** verläuft. Kurz vor dem Örtchen biegt man links auf einen Sandweg ein, der in ein Bungalowdorf führt, das zum großen Teil in einem Kiefernwäldchen und am Peenestrom liegt. Hier kann man sich einmieten und Beschaulichkeit

Am Warther Haken

und Stille genießen. Im neueren Teil der Bungalowsiedlung, die durch kleine, gemütliche Nur-Dach-Häuser geprägt ist, steht auf einer Anhöhe ein umgerüsteter Bauwagen, in dem sich ein Imbiß etabliert hat. Auf schwankendem Treppchen ersteigt man das Etablissement und läßt sich in einer Art

Wintergarten mit wunderschönem Blick auf das weite Wasser und die gegenüberliegende Festlandsküste die vorzügliche Tomatensuppe oder die unvermeidliche Bockwurst schmecken. Der Wirt plant, hier ein Restaurant aufzumachen; schon demnächst wird mit dem Bau begonnen und dann verschwindet auch der Bauwagen. Schade eigentlich, denn so wird ein liebenswertes Provisorium abgeschafft, das allerdings für die wohl bald steigende Zahl von Feriengästen mit Sicherheit zu klein sein wird.

Von Quilitz aus führt der Sandweg mit etwas Abstand vom Ufer durch Sumpfwiesen über zwei Kilometer nach **Warthe**. Kleine Fischerhäuser mit großen Gärten empfangen uns, überall springt das wohlgenährte Federvieh durch löchrige Zäune, Gänse schnattern zufrieden vor sich hin, Katzen schleichen durch das Gras, Obstbäume tragen schwer, und über allem liegt eine milde, friedliche Stimmung. Zum Achterwasser hin öffnet sich eine große Wiese, um die wie zufällig ein paar Häuser stehen. Im breiten Schilfgürtel liegen Fischerboote, die Markierungsstangen der Fischer lehnen gebündelt am Baum, die bunten Fähnchen wiegen sich im Wind. Auch wenn manche Reiseführer hier am Warther Haken einen kleinen Badestrand avisieren, so meinen wir doch, daß das Achterwasser nicht zu den bevorzugten Badegewässern gehört. Viel schöner ist es, hier am Ufer zu sitzen und die konzentrierte Atmosphäre des Lieper Winkels, Ruhe und Beschaulichkeit und die Weite des Achterwassers auf sich wirken zu lassen.

Hier am Warther Haken muß die berühmte Geschichte vom »Fischer und siner Fru« ihren Ursprung haben. Dieses lehrreiche Märchen wurde als eines der ersten in die Sammlung der Gebrüder Grimm aufgenommen. Ausgehend von den zahlreichen plattdeutschen Versionen wollen wir eine Variante erzählen, die auch für nur des Hochdeutschen Mächtige verständlich ist.

Am Ufer des Achterwassers wohnte in einer bescheidenen Fischerhütte der Fischer mit seiner Frau. Beide lebten zufrieden nebeneinander her, am Wesentlichen herrschte kein Mangel, Aufregendes geschah allerdings auch nicht. Das sollte sich aber gründlich ändern, als der Fischer eines Tages beim Angeln einen riesigen Butt herausholte. Bevor der Fischer aus seinem Staunen über den dicken Fisch herauskam, fing der Butt an zu sprechen: »Fischer, ich bitt dich, laß mich leben. Ich bin gar kein echter Butt, sondern ein verwunschener Prinz! Setz mich wieder ins Wasser und laß mich schwimmen!« »Laß man«, sagte der Fischer, »einen Butt, der sprechen kann, den laß ich wohl schwimmen«, und ließ den Butt frei.

Als der Fischer nach Hause kam, fragte seine Frau, ob er denn nichts gefangen

habe. »Doch«, sagte der Fischer, »ich hatte einen Butt an der Angel, der konnte sprechen und sagte, er sei ein verwunschener Prinz, und da habe ich ihn wieder ausgesetzt.« »Und hast du dir gar nichts gewünscht?« fragte die Frau. »Nee, was soll ich mir denn wünschen, ist doch alles da«, erwiderte der Fischer. »Na«, sagte die Frau, »hier in der Hütte zu wohnen, das ist doch nicht gut, hier stinkt's und ist so klein, du hättest uns doch jedenfalls ein kleines Häuschen wünschen können. Geh noch mal hin und ruf ihn und sag ihm, daß wir uns ein kleines Häuschen wünschen, das macht der bestimmt.«
Erst wollte der Mann nicht so recht, aber als er seine Frau so reden hörte, ging er doch wieder an die See. Das Wasser war ganz grün und gelb. So rief er:

»Manntje, Manntje Timpe Te,
Buttje, Buttje in de See,
miene Fru, de Ilsebill,
will nich so as ick wohl will.«

Da kam der Butt vorbeigeschwommen und fragte: »Na, was will sie denn?« »Ach«, sagte der Mann, »meine Frau meint, ich hätte mir doch was von dir wünschen können. Sie mag nämlich nicht mehr in der Hütte wohnen und hätte gern ein kleines Häuschen.« »Geh nur hin«, sprach der Butt, »sie hat es schon.«
Als er heimkam, sah er seine Frau vor dem Häuschen auf einer Bank sitzen. Froh begrüßte sie ihn: »Guck, so ist das doch schon viel besser!« Und drinnen war eine kleine Stube und Kammer, und alles war aufs beste eingerichtet, wie sich das gehört. Hinter dem Haus war noch ein kleiner Hof mit Hühnern und Enten und ein kleiner Garten mit Obstbäumen. »Ja«, sagte der Mann, »das ist wirklich nett, so soll das nun bleiben, und hier wollen wir zufrieden leben.« – »Da denken wir noch mal drüber nach«, sagte die Frau, und so gingen sie zu Bett.
So ging das glücklich wohl vierzehn Tage, als die Frau sagte: »Guck Mann, das Haus ist ja doch ein bißchen eng, und Hof und Garten sind auch so klein. Ich würde lieber in einem großen Schloß wohnen. Geh hin zum Butt, er soll uns ein Schloß schenken.« Der Fischer wollte nicht recht und entgegnete: »Wieso brauchen wir ein Schloß, das Haus ist doch gut genug!« »I wo,« sprach die Frau, »geh man hin, der Butt macht das bestimmt.« Dem Mann war das gar nicht recht, doch alle Einwände fruchteten nichts, und mit schwerem Herzen ging er schließlich doch an die jetzt schon tiefdunkle See und rief den Butt:

»Manntje, Manntje Timpe Te,
Buttje, Buttje in de See,

miene Fru, de Ilsebill,
will nich so as ick wohl will.«

»Na was will sie denn?« fragte der Butt. »Ach«, sagte der Fischer, »sie will jetzt in einem großen steinernen Schloß wohnen.« »Geh nur hin«, sprach der Butt, »sie steht vor der Tür.«

Als er nach Hause ging, stand an der Stelle seines kleinen Hauses ein großes Schloß aus Stein, und seine Frau nahm ihn bei der Hand und zeigte ihm die riesigen Räume, überall goldene Tische und Stühle und Kronleuchter, und überall standen Diener, die die Türen öffneten, und alle Spezereien der Erde standen auf den Tischen, daß sie sich nur so bogen. Hinter dem Schloß war ein großer Hof mit Pferde- und Kuhställen und dabei ein herrlicher Garten mit Blumen und Obstbäumen und dazu noch ein riesiger Park mit Wild und allem, was man sich so wünschen mag. »Nee, ist das nicht schön?« sagte die Frau. »Ach ja«, antwortete er, »das ist schön und so soll es nun auch bleiben. Nun wollen wir hier wohnen und ganz zufrieden sein.« »Das überschlafen wir noch mal«, gab sie zurück, »morgen können wir uns das ja auch noch überlegen.«

Am nächsten Morgen wachte die Frau auf und blickte aus dem Fenster auf das riesige Land, das nun ihr eigen war. »Wach auf«, rüttelte sie ihren Mann, »guck mal aus dem Fenster! Können wir jetzt nicht auch Königin werden über das ganze Land? Geh zu deinem Butt und sag ihm, ich will Königin sein!«

»Ach Frau, warum willst du nun noch Königin werden, das will ich ihm nicht sagen.« »Geh sofort los, ich muß Königin werden«, wischte die Frau seine Bedenken beiseite. »Das ist nicht recht«, dachte der Mann, ging aber trotzdem an die See. Als er am Ufer stand, sah er das schwarzgraue Wasser, von unten stiegen Blasen auf, und es stank ganz verfault.

»Manntje, Manntje Timpe Te,
Buttje, Buttje in de See,
miene Fru, de Ilsebill,
will nich so as ick wohl will.«

»Na was will sie denn?« fragte der Butt. »Ach«, sprach der Fischer, »sie will Königin werden.« »Geh man, sie ist es schon«, sagte der Butt. Als der Mann zu seiner Frau zurückkam, stand sie auf den Stufen des Königsschlosses und schaute über ihr Land. Untertanen aus den Weiten ihres Königreiches machten ihre Aufwartung und brachten eine Unzahl von Geschenken mit. Das Schloß beherrschte das ganze Land, und der Reichtum war nicht mehr zu zählen. Der Fischer wollte

seine Frau, der die Königskrone auf ihrem Haupt ausnehmend gut gefiel, nun endgültig besänftigen: »Frau, jetzt haben wir alles, was wir brauchen und noch viel mehr, laß uns nun endlich zufrieden sein.« Doch seine Frau gab keine Ruhe: »Königin sein allein reicht nicht«, gab sie zurück, »ich will Papst werden. Geh hin und sag's deinem Butt.« Der Fischer wand sich und gab ihr Widerwort. »Was soll ich nur dem Butt sagen, wir haben doch schon alles«, wand er ein. Doch seine Frau fuhr ihm über den Mund: »Los geh und laß dich ohne Papstwürde hier nicht wieder blicken.« Murrend tat er wie geheißen und ging ans Wasser, das jetzt wild wogte, Blitze zuckten hernieder, und ein Sturm kam auf:

»Manntje, Manntje Timpe Te,
Buttje, Buttje in de See,
miene Fru, de Ilsebill,
will nich so as ick wohl will.«

»Na was will se denn?« fragte der Butt, und kleinlaut sprach der Fischer: »Papst will sie werden...« »Geh man hin, sie ist es schon.« Als er zurückkam, versammelte seine Frau gerade die Kardinäle und die gesamte Kurie um sich, der marmorne Palast hatte riesige Ausmaße angenommen. Nachdem sie die kirchlichen Würdenträger abgefertigt hatte, schrie sie ihn an: »Papst sein ist langweilig, ich will werden wie der liebe Gott. Los geh hin und sag's ihm«. Ohne Widerworte kehrte der Fischer gleich um und ging wieder an die See, die nun sturmgepeitscht und von Blitzen durchzuckt auf das Ufer zurollte. Donner grollte über den Himmel, und blauschwarze Wellen wurden von Sturmböen auf das Land geworfen. Zitternd rief er den Butt:

»Manntje, Manntje Timpe Te,
Buttje, Buttje in de See,
miene Fru, de Ilsebill,
will nich so as ick wohl will.«

»Was will se nun noch?« fragte der Butt, und der Fischer antwortete: »Sie will werden wie der liebe Gott.« »Geh man hin«, sagte der Butt, »sie sitzt schon wieder in ihrer Hütte.«
Und da wohnen der Fischer und seine Frau noch heute.

Wir setzen die Rundtour fort in Richtung Liepe. Zuerst führt der Weg die Küste am Warther Haken entlang und biegt nach etwa 1 km rechts nach

Süden ab. Nach 1 1/2 km, vorbei am Flecken Reestow, erreichen wir **Liepe**, den Hauptort der Halbinsel. Ein paar hundert Einwohner nur hat das Dorf, dessen geschlossene Anlage ins Auge fällt. Ruhiges Landleben ist hier Trumpf, große Backsteinscheunen wechseln mit gepflegten Reethäusern ab. Grobes Kopfsteinpflaster hat sich noch gegen den neumodischen Asphalt gehalten, auffällig ist die geräumige Kirche, die aus dem 13. Jh. stammt. Der Ort selber ist noch älter, er wurde 1187 erstmals urkundlich erwähnt. Einen

Dorfkirche in Liepe

kleinen Rundgang durch das Dorf kann man erweitern durch einen Abstecher nach Grüssow (ca. 1 km), einsam am Achterwasser gelegen, oder man geht den Wanderweg (grüner Balken) durch Sumpfwiesen und an einem Moor vorbei, mit schönem Blick auf den Krienker See, eine kleine Ausbuchtung des Achterwassers, nach Rankwitz zurück. Von hier aus verläuft die Straße, die wir gekommen sind, aus dem Lieper Winkel heraus über Suckow zurück in Richtung B 110.

Will man den Lieper Winkel in einer längeren Tour kennenlernen, so empfehlen wir als Ausgangspunkt die Stadt Usedom. Der mit einem waagerechten grünen Balken gekennzeichnete Wanderweg beginnt am Ortsausgang Richtung Ahlbeck, gegenüber der Einmündung der Swinemünder Straße. Von hier verläuft der Weg entlang dem Peenestrom, am Weißen Berg vorbei, bis er kurz vor Rankwitz auf die Landstraße stößt. Weiter dann wie oben beschrieben. Gesamtlänge: ca. 22 km, auch für Fahrradfahrer möglich.

STADT USEDOM UND UMGEBUNG

AUSKÜNFTE	Stadtinformation Usedom, Markt 1, O-2250 Usedom, Tel. 226
SEHENSWERTES	Anklamer Tor und Marienkirche in Usedom Schloßberg mit Denkmal in Usedom Reste der Eisenbahnhubbrücke bei Karnin Leuchtturm bei Mönchow Fachwerkkirche in Mönchow Dorfkirche in Stolpe
MUSEUM	Heimatmuseum in Usedom, Anklamer Tor, Mo-Do 10-12, Fr + Sa 9-11, Mo + Mi 14-16 Uhr
GASTSTÄTTEN	Hotel Restaurant »Usedomer Hof«, Am Markt, Usedom »Café Naschbar«, Am Markt, Usedom »Haffschänke« in Mönchow, Mo Ruhetag

ÜBERBLICK

Usedom, die älteste Stadt der Insel, liegt im südwestlichen Zipfel der Insel zwischen Peenestrom und Kleinem Haff. Anders als die viel jüngeren, touristisch orientierten Seebäder strahlt Usedom den reizvollen Charme eines traditionellen Landstädtchens aus. Rege Betriebsamkeit prägt die Atmosphäre in den kopfsteingepflasterten Straßen, wo die Inselbewohner in schönstem Norddeutsch miteinander verhandeln. Das Anklamer Tor und die Marienkirche, die Wahrzeichen der Stadt, ziehen den Blick des Inselbesuchers schon von weitem an; doch ebenso schön ist ein Spaziergang an den dahinterliegenden kleinen Ackerbürgerhäusern vorbei und zum historischen Schloßberg oder zum Usedomer See.

GESCHICHTE

Historischer Ausgangspunkt der Stadt Usedom ist der heutige **Schloßberg**, wo in spätslawischer Zeit eine Burg als fürstlicher Herrschaftssitz errichtet wurde. Die Siedlung mit dem wendischen Namen »Uznam«, was soviel wie »Mündung« bedeutet, entstand im Schutz der Residenz und entwickelte sich zu einer der slawischen Frühstädte, die mit der deutschen Ostexpansion zu mittelalterlichen Städten ausgebaut wurden.

Das Jahr 1128 markiert den entscheidenden Wendepunkt. In Ostpommern hatten sich die Slawen Polens Herrscher Boreslaw III. ergeben und christianisieren lassen. Westpommerns Herzog Wartislaw I. sah sich diesem polnischen Expansionsdruck im Osten und den Ansprüchen der deutschen Feudalherren im Westen gegenüber und beschloß, dem unausweichlichen Lauf der Geschichte zuvorzukommen: Er rief seine Fürsten und Untertanen zur Konversion auf. 1128 versammelte sich der slawische Adel Westpommerns auf dem Schloßberg von Usedom und übernahm während des historischen Landtags von Missionsbischof Otto von Bamberg den christlichen Glauben. Zur Erinnerung daran prangt heute auf der Kuppe des Burgwalls ein Riesenkreuz mit der Sockelinschrift: »Hier nahmen zu Pfingsten 1128 die Führer der Wenden in Westpommern das Christentum an.« Im Volk blieb die Übernahme des neuen Glaubens zunächst reine Formsache, die Adeligen hingegen konnten darüber ihre Privilegien retten. Herzog Wartislaw I. allerdings war nur noch ein kurzes christliches Leben vergönnt - er wurde kurze Zeit später ermordet.

Die Besiedelung der Usedomer Gegend durch deutsche Bevölkerung wurde mit der Gründung eines Prämonstratenserklosters 1156 eingeleitet. Neben der slawischen Siedlung entwickelte sich so das deutsche Usedom, das 1295 das lübische Stadtrecht erhielt. Doch die damit verbundenen Privilegien für Handel und Handwerk konnte die Stadt kaum nutzen; das dünnbesiedelte Hinterland beschränkte Usedom auf die Bedeutung eines kleinen Landstädtchens.

1476 zerstörte ein großer Brand die Stadt nahezu vollständig. Wie alle Inselorte hatte auch das wiederaufgebaute Usedom während des Dreißigjährigen Krieges unter Plünderungen, Bränden und Verwüstungen zu leiden. Das heutige Stadtbild entstand im wesentlichen erst im 18./19. Jh.

Am westlichen Stadteingang kommt man zum **Anklamer Tor**, einem spätgotischen Backsteinbau aus der Mitte des 15. Jh. Es ist das einzig erhaltene der drei Stadttore; die anderen beiden wurden 1860/63 abgerissen. Im Anklamer Tor ist das **Heimatmuseum** untergebracht. Hier kann man hei-

Anklamer Tor und Marienkirche

matgeschichtliche Kleinode betrachten, wie eine Scheffelsammlung, alte Dreschflegel und Holzpflüge, slawische Mühlsteine und ein windangetriebenes Schöpfwerk.

Nur wenige Schritte weiter steht die **Marienkirche**, eine dreischiffige Hallenkirche mit spätgotischem Baukern. An ihrer Stelle war im Mittelalter eine slawische Stadtkirche errichtet worden, die 1336 erstmalig erwähnt wird. Nach dem großen Stadtbrand von 1476 wurde sie erneuert. Ein Teil des Mauerwerks im Langhaus, der Turmunterbau und die Form der Langhausfenster stammen noch aus dieser Bauphase. Wegen Baufälligkeit wurde der größte Teil des Gebäudes jedoch abgetragen und 1891 neu errichtet. Von historischem Interesse ist die alte, 1639 gegossene Glocke im Glockenstuhl der Kirche. Ihre lange Inschrift erinnert an den Tod des letzten pommerschen Herzogs Bogislaw IV. zwei Jahre zuvor.

Um den **Marktplatz** gruppieren sich gepflegte zweistöckige Geschäftshäuser, die um die Jahrhundertwende entstanden sind. Kleine Parkanlagen mit Rosensträuchern und Bänken laden zum Verweilen ein. Typisch für das Stadtbild sind die geduckten einstöckigen Wohnhäuser mit ihren verzierten Eingangstüren. Über die Peenestraße kommt man zum **Schloßberg**, von wo sich eine herrliche Aussicht auf den Usedomer Winkel bietet, und zum kleinen Hafen am **Usedomer See**.

Tip: Am Markt hat das kleine Café »Naschbar« geöffnet. Die Inneneinrichtung besitzt den Charme vergangener DDR-Zeiten. Bei schönem Wetter kann man sich auch an den Tischen im Freien niederlassen. Die hausgemachten Kuchen und Strudel kann selbst Muttern nicht besser backen.

Bevor wir uns zu Wanderungen in die Umgebung aufmachen, soll uns die Sage noch berichten, woher der Name »Usedom« denn eigentlich stammt.

Die Insel Usedom war schon lange Zeit von Menschen bewohnt, ohne daß sie einen Namen hatte. Darum versammelten sich eines Tages alle Bewohner und beratschlagten, wie sie die Insel nennen könnten; doch keiner wußte einen passenden Vorschlag.
Schließlich meldete sich ein alter Mann zu Wort und sprach: »Hört, liebe Leute! Damit wir nicht noch ewig hier sitzen, soll das erste Wort, das einer von uns spricht, der Name unserer Insel werden!« – Nun schwiegen alle nur noch vorsichtiger, denn keiner wollte durch ein unbedachtes Wort den Namen der Insel bestimmt haben. Nach einer Stunde schweigenden Wartens hielt es jedoch einer vor Ungeduld nicht länger aus, sprang auf und rief: »Oh, so dumm, daß uns kein Name einfällt!«
Und damit war die Sache entschieden. Ihrer Verabredung entsprechend wurde die Insel fortan »Osodumm« genannt, woraus im Laufe der Zeit »Usedom« wurde.

DER USEDOMER WINKEL

Für Ausflüge in den südwestlichen Zipfel der Insel bietet sich die Stadt Usedom als bester Ausgangspunkt an. Dieser Landstrich ist etwas für Leute, die das Unspektakuläre lieben. Weites, sanft gewelltes Land erstreckt sich bis zum Horizont, tiefstehende Wolken verstärken den Eindruck von Weite und Unendlichkeit, langgestreckte Alleen ziehen sich durch die karge Landschaft, die kleinen Dörfer und Flecken strahlen in sich gekehrte Ruhe aus, und die fast menschenleere Gegend spricht alle Sinne des Betrachters an.

Wanderung:

Wir empfehlen eine ausgedehnte Wanderung oder Fahrradtour durch den Usedomer Winkel, die als Ausgangs- und Endpunkt die Stadt Usedom hat.

Wir verlassen das Städtchen durch das wuchtige Anklamer Tor und biegen gleich dahinter links in die Karniner Straße ein. An Schuppen und Garagen vorbei folgen wir dem Straßenverlauf bis kurz vor dem Ende des Kopfsteinpflasters bei der Hausnummer 2. Dort biegen wir links in den Feldweg ein und ziehen weiter durch die saftigen, von Gräben durchzogenen Felder und genießen den Blick auf die Stadtanlage. Der Aschenweg wendet sich nach rechts und verläuft hier parallel zum Westufer des Usedomer Sees, der ab und zu durch das dichte Schilfgestrüpp hervorscheint. Etwa 2 km sind es auf diesem gut begehbaren Feldweg bis nach **Wilhelmshof**. Die um 1720 gegründete Domäne hat beeindruckende Ausmaße, was ebenso für ihren Misthaufen gilt.

Wir durchqueren die Ansiedlung bis zum benachbarten Westklüne, wo sich der Usedomer See zur sogenannten »Kehle« verengt. Diese schmale Rinne verbindet den Usedomer See mit dem Kleinen Haff. Hinter dem »Storchennest« (Ferienwohnung) beginnt ein grasbewachsener Feldweg; dieser führt ins Naturschutzgebiet, das wir Sie bitten, nicht zu betreten.

Unser Weg führt weiter auf dem Feldweg von Wilhelmshof nach Westen, bis zur Plattenfahrstraße von Usedom nach Mönchow. Wir biegen nach links ab und folgen dem baumgesäumten Weg durch die Weite des Usedomer Winkels (waagerechter roter Balken). Einzelne Gehöfte mit niedrigen Häusern und verträumten Gärtchen liegen am Wegesrand, kleine Baumgruppen zeichnen sich am Horizont ab. Linker Hand flimmert der weite Spiegel des Kleinen Haff. Nach etwa 2 km erreicht die Allee **Mönchow**. Das Örtchen ist ein niedliches verschlafenes Straßendorf, in dem es nur die Hühner wirklich eilig haben. In den schmucken Vorgärten stehen Obstbäume, gepflegte Rabatten säumen die Garageneinfahrten, Blumenliebhaber können sich hier sattsehen. Weit schweift der Blick übers blinkende Haff, in der Ferne leuchtet das pommersche Festland. Der Name Mönchow bedeutet: den Mönchen gehörig. Entstanden ist das Dorf unter dem Kloster Grobe bei Usedom. Am Ortsausgang steht die kleine Backsteinkirche mit schmuckem Fachwerkgiebel und ebensolchem Turm. Die Fachwerkbauweise dieser Kirche ist für Usedom einzigartig. Bei genauerer Betrachtung bemerkt man, besonders an den Fenstern, die uneinheitliche Anlage des Baus. Das Turmunterteil mit dem rundbogigen Portal und den beiden Heiligennischen wurde im 15. Jh. errichtet. Nachdem die Kirche im Dreißigjährigen Krieg schwer beschädigt worden war, wurde sie im 17. Jh. erneuert: Die Fachwerkkonstruktionen und die hochangelegten Fenster auf der Ostseite entstanden zu dieser Zeit. Gegenüber liegt der kleine Friedhof, der an der rückwärtigen Seite von einem halb verfallenen Mausoleum überragt wird.

Dorfkirche Mönchow

Ein paar hundert Meter weiter sehen wir eine Gruppe zweistöckiger Häuser, die nicht mit Fischerhäusern zu verwechseln sind. Hier steht der einzige **Leuchtturm** Usedoms, der seinen Namen auch verdient. Lustig schaut er aus, der runde, schlanke Bau mit seinem weithin rot leuchtenden Spitzdach aus Schindeln. Hinter dem Leuchtturm führt ein kleiner Weg hinunter zum kleinen Hafen und zur Gaststätte »Haffschänke«. Hat man sich durch die Schar der neugierigen und zutraulichen Katzen durchgestreichelt, wird der Blick über das hier schon recht schmale Haff magisch von den imposanten Resten der Karniner **Eisenbahnbrücke** angezogen. Ein paar hundert Meter auf der Straße sind es nur, und wir stehen vor einer technischen Meisterleistung der dreißiger Jahre, der damals modernsten Eisenbahnhubbrücke Europas. Das gesamte Brückenbauwerk war 600 m lang, und die Hubhöhe betrug 38 m, was damals auch dem stattlichsten Schiff problemlos

Spinne im Wasser

die Durchfahrt gewährte. Heute steht das stählerne Ungetüm wie eine überdimensionale Spinne mitten im Wasser des schmalen Stroms, als wolle es an die letzten Kriegstage gemahnen, als die fliehende deutsche Wehrmacht mit seiner Sprengung die immer rascher vorrückende Rote Armee aufhalten wollte.

Im kleinen Hafenbecken dümpeln Schnellboote des Zolls vor sich hin, und rechter Hand erhebt sich der alte Bahndamm, auf dem vor dem Krieg die Züge mit fröhlichen Urlaubern in Richtung Swinemünde dampften. Gehen wir auf dem Damm ein wenig landeinwärts, so stehen wir bald neben dem kleinen ehemaligen Bahnhof Karnins. Der Backsteinbau hat bis vor nicht allzulanger Zeit einem Jugendclub Platz geboten, doch der Einbruch der neuen Verhältnisse hat eben auch in diesem »hintersten Winkel« Spuren hinterlassen. Heute stapelt sich Gerümpel und Abfall hinter den blinden und zerbrochenen Scheiben des kleinen Häuschens. Den Bahndamm weiter, wo sich links in einer modrigen Senke bereits die häßlichen Überreste der Industriegesellschaft zu sammeln beginnen, gehen wir an kleinen, gepflegten Gärtchen vorbei, bis wir auf die Straße stoßen. Geradeaus weiter, von schwarz-weißen Straßenbegrenzungspfählen gesäumt, also nicht zu verfehlen, führt der Weg auf dem alten Bahndamm die etwa drei Kilometer zurück nach Usedom.

RUND UM DEN USEDOMER SEE

Dieser Spaziergang, das muß man vorausschicken, ist mit einem gewissen Risiko behaftet. Wir können nämlich schlicht und einfach nicht garantieren, daß Sie über den Usedomer See übersetzen können. Wer also das Abenteuer liebt...

Gehen Sie den wunderschönen Weg, wie in der obigen »Wanderung« beschrieben, nach Wilhelmshof und von dort aus zur »Kehle«, der schmalen Wasserrinne, die den Usedomer See mit dem Kleinen Haff verbindet. Auf beiden Seiten des Wasserarms stehen einige Häuser, deren Bewohner mit Ruderbooten die paar Meter Wasser überbrücken. Auf freundliche Anfrage sind sie oft bereit, Spaziergänger überzusetzen.

Wenn nicht, haben Sie einen schönen Rückweg vor sich, mit dauerndem Blick auf die zauberhafte Stadtsilhouette Usedoms.

Erfolgreich drüben angekommen, setzen wir unsere Wanderung auf dem Aschenweg fort und haben bald einen weiten Blick auf den schilfumsäumten Usedomer See mit dem Stadttor und der Kirche von Usedom im Hintergrund. Rechts ziehen sich Felder bis zur baumbestandenen, steilen Haffküste, die von hier aus aber schwer zugänglich ist. Ab dem kleinen Flecken Welzin verkehrt ein Autobus nach Usedom. Man kann aber auch etwas ausgedehnter wandern, indem man in Welzin die wenig befahrene Straße weitergeht und sich kurz vor der Einmündung auf die B 110 nach links in Richtung Usedom wendet.

Ein empfehlenswerter Abstecher führt nach **Stolpe**. Kurz hinter Welzin zweigt rechts eine Straße ab, die uns nach etwa 800 m in das beschauliche Dörfchen bringt. Hier steht ein kleines Schloß, das früher die Residenz der

Grafen von Schwerin war. Sehr idyllisch gruppiert sich das Dorf um einen kleinen Weiher und den sich daran anschließenden Dorfanger mit der alten Kirche. Der mittelalterliche Feldsteinbau ist nachweislich vor 1218 entstanden. Nachdem ein Blitzschlag die alte Kirche 1867 stark beschädigt hatte, wurde sie in ihrer heutigen Gestalt 1871/73 wiederaufgebaut. Der Unterteil des Turms gehört noch zu der alten Kirche, er wurde restauriert. Der Turmaufbau und die Holzarbeiten im Innern stammen von 1871/73.

Dorfanger in Stolpe

Die mit altem Kopfstein gepflasterte Dorfstraße wird von hohen Bäumen gesäumt. In einem der Häuser hat sich ein Kunstschmiedemeister niedergelassen, und an der Bäckerei stehen ein paar Stühle sowie der unvermeidliche Sonnenschirm: ein schöner Rastplatz. Zurück nach Usedom entweder mit dem Bus oder per pedes auf dem Gebietswanderweg (Markierung: waagerechter roter Balken) durch Wiesen und Wald bis kurz vor Usedom, wo man links entlang der Hauptstraße in die Stadt gelangt.

ABSTECHER NACH POLEN: SWINEMÜNDE

Die deutsch-polnische Grenze trennt heute Swinoujscie (Swinemünde), das erste Seebad und alte Zentrum Usedoms, vom Rest der Insel. Die Stadt ist nur einen Katzensprung entfernt vom Seebad Ahlbeck, was für den Besucher Usedoms eine gute Gelegenheit bietet, ein Stück polnische Ostseeküste kennenzulernen und dem Glanz des alten Swinemünde nachzuspüren.

Nach etwa 500 m auf der Ahlbecker Chaussee stehen wir schon vor dem kleinen Grenzabfertigungsposten. Für Autofahrer ist auf dem Parkplatz rechts vor den Grenzanlagen Endstation, denn der Übergang ist bislang nur für Fußgänger und Radfahrer geöffnet. Der Bundespersonalausweis wird lässig geprüft, und schon sind wir in Polen. Gleich hinter dem Grenzübergang bieten massenhaft bereitstehende Taxis ihre Dienste an. Bis ins Zentrum beträgt der Tarif etwa 5 DM.

Links der kopfsteingepflasterten Allee stehen in einem fast bis an die See reichenden Vorortviertel kleine Häuser und auch Villen. Etwas weiter erheben sich rechter Hand vielstöckige Wohnsilos, die wohl überall auf der Welt ihren kantigen, unpersönlichen Charme verbreiten. Vorbei an Kasernen und dunklen Altbauten wird es sogleich städtisch. Handel und Wandel auf den Straßen allerorten, viel Verkehr. Wir gelangen direkt ins Zentrum der geschäftigen Stadt, das der runde Hauptplatz mit seinen Gründerzeitbauten prägt. Hier wird kräftig saniert. Von diesem Platz aus gelangt man leicht in alle Teile Swinoujscies: Nach Norden führt die Magistrale an den Strand und die Promenade, nach Osten geht's durch eine von kleinen Geschäften belebte Straße zum Hafen und zur Fähre nach Wollin, gen Süden führt ein breiter Boulevard zum Industrieviertel und zur Straßenbrücke über die Swina Richtung Szczecin.

Wir beginnen unseren Rundgang in Richtung Osten durch die Hauptgeschäftsstraße, in der sich viele kleine Läden und Geschäfte aneinanderreihen. Neben einer Musikalienhandlung findet man Jeansshops, eine Apotheke und eine Kaufhalle mit Artikeln des täglichen Bedarfs. An der Ecke einer Straße mit dem hier seltsam klingenden Namen »Monte Cassino« steht ein kleiner, gut frequentierter Buchladen.

Hier wird viel gebaut, was durch Bauzäune und Lärm unangenehm auffällt, aber ein Blick auf das, was da entsteht, entschädigt für die Unbill. Neubauten, die sich in Stil und Traufhöhe an den umliegenden Gründerzeitfassaden orientieren, passen sich harmonisch in die historisch gewachsene Stra-

Hafen in Swinemünde

ßenzeile ein. Die Straße führt direkt auf die recht breite Swina zu, die die Ostsee mit dem Oderhaff verbindet. Hier verkehrt die Autofähre nach Wollin, was sich durch einen langen Stau geduldig wartender Fahrzeuge anzeigt. Rechts hat man einen Blick auf die mausgrau gestrichenen Einheiten der polnischen Marine, auf dem gegenüberliegenden Ufer recken Hafenkräne ihre dünnen Finger in den weiten Himmel. Der Eindruck täuscht nicht, Swinoujscie ist eine relativ bedeutende Hafenstadt, die als Vorhafen von Sczeczin eine wichtige Aufgabe erfüllt. Diese Funktion hat der Ort seit dem Ende des Nordischen Krieges zu Beginn des 18. Jh. inne. Damals erkannten die Preußen die günstige strategische Lage der Stadt, deren Besitz ihnen sowohl eine Kontrolle der pommerschen Ostseeküste als auch den Zugang zur Oder ermöglichte. Entsprechend bauten sie die Swine zur Wasserstraße und Swinemünde zum Hafen aus und investierten so einiges von ihrem »Verteidigungsetat« in einen neuen Flottenstützpunkt.

Nachdem wir ein wenig Hafenluft geschnuppert haben, kehren wir durch die Hafenstraße, die von wenig einladenden Gebäuden flankiert wird, zurück zu unserem runden Platz.

Wenn wir ins Seebad wollen, so müssen wir uns nordwärts wenden und die verkehrsreiche Straße entlanglaufen. Links ein Restaurant und direkt dahinter in einer Seitenstraße ein Billardsalon mit Kneipe im ersten Stock eines nicht mehr sehr ansehnlichen Backsteinhauses. Die Hauptstraße führt durch eine weitläufige Parkanlage, die den Kurort vom geschäftigen Zentrum trennt, und etwa 1 km weiter bis zur einstmals weithin berühmten Promenade Swinemündes. Breit ist sie noch, die Promenade, es stehen auch noch Villen aus der Glanzzeit des Ortes, als sich hier die Spitzen der königlichen und später kaiserlichen Gesellschaft ein Stelldichein gaben. Von diesem Glanz ist heute kaum etwas zu erahnen, die Häuser machen zwar durchweg einen gepflegten Eindruck, aber der Flair des Prächtigen ist längst verschwunden. Immerhin sind die Villen und Hotels einer vernünftigen Verwendung zugeführt: Sanatorien, Kinderheime und Betriebsferienheime nutzen die schönen Häuser. Restaurants und Gaststätten Fehlanzeige. In den Dünen findet man einige gastronomische Einrichtungen, die im Herbst bereits geschlossen waren. Dies deutet auf einen zumindest im Sommer etwas lebhafteren Besucherverkehr in dieser schönen Umgebung hin. Ein kleiner Spaziergang ist es nämlich schon, will man an den hier sehr breiten Nehrungsstrand der Ostsee gelangen. Dafür kann man aber auch das Glück haben, beim Durchqueren des Dünenwäldchens auf Rehe zu treffen. Am breiten Strand tummeln sich neben den Urlaubsgästen kontaktfreudige Schwäne, die dem Besucher ihre Anhänglichkeit nachhaltig beweisen.

Am Strand schweift der Blick über die lange, mild geschwungene Küste Usedoms. In der Ferne können wir den Langen Berg bei Bansin und bei klarem Wetter auch den Streckelsberg bei Koserow erkennen. Geradezu erhebt sich die Steilküste der Nachbarinsel Wollin. Die ein- und ausfahrenden Schiffe vermitteln ein wenig das Gefühl von Fernweh. Ein kleiner Spaziergang Richtung Osten führt am Strand bis zur Mole Swinemündes, die die Hafenausfahrt vor Versandung schützt. In den bewaldeten Dünen stehen ausgedehnte Hotelanlagen, weiter zur Swina hin rotten alte Bunkeranlagen vor sich hin. Aus dem teils versumpften Gelände führt Richtung Westen der Weg wieder zur Strandpromenade.

Zurück vom Strand führen alle Wege nach Swinemünde Stadt, die nach der Urlaubs- und Strandstimmung wie ein Geschäfts- und Handelszentrum wirkt. Wir lassen uns in einer der vielen Fischbratereien vom Angebot verführen und genießen noch ein wenig das quirlige Ambiente dieser polnischen Stadt, bevor wir uns vom Hauptplatz aus wieder Richtung Westen auf den Heimweg begeben.

3

76

WOLGAST - BRÜCKENSCHLAG ZUR INSEL

AUSKÜNFTE	Wolgast-Information, Lange Str. 1, O-2220 Wolgast, Tel. 23 10, werktags 9-12 u. 13-16 Uhr Stadtverwaltung Lassan, Am Marktplatz 9, O-2232 Lassan, Tel. 233
SEHENSWERTES	St.-Petri-Kirche und Kirchplatz Rathaus Getreidespeicher am Hafen, Reste der Stadtmauer, St.-Gertrud-Kapelle, Geburtshaus Ph.O. Runge
MUSEUM	Heimatmuseum Wolgast, Marktplatz 6, Di 10-18 Uhr, Mi-Fr 10-17 Uhr, Sa 9-12 Uhr, Tel. 30 41
GASTSTÄTTEN	»Am Hafen«, Am Speicher »Ratsweinkeller«, Marktplatz »Waldgaststätte Tannenkamp«, am Tierpark, Mi-So 10-18 Uhr Café Central, Lange Straße Café Biedenweg, Lange Straße
AUSFLÜGE	Rundfahrten mit der »Weißen Flotte« ab Wolgast Hafen, So 16 Uhr. Fahrgastbüro, Hafenstraße, Tel. 23 52; Heimattierpark Tannenkamp, 1. Mai bis 30. Sept. tägl. 9-18 Uhr, 1. Okt. bis 30. Apr. tägl. 9-16 Uhr
BRÜCKE	»Brücke der Freundschaft«, Schließzeiten: 5.30-5.45, 8.40-8.55, 14.05-14.20, 17.40-17.55, 20.40-20.55 Uhr
TAXI	Tel. 26 33

ÜBERBLICK

Die Kleinstadt Wolgast (17 000 Einw.) liegt an einem der beiden Zugänge zur Insel Usedom. Wer ein Reiseziel im Norden der Insel hat oder mit der Bahn anreist, wird auf jeden Fall durch dieses interessante Städtchen kommen. Auch als Ausflugsziel lohnt sich Wolgast wegen seines alten Stadtbildes. Der Grundriß des Stadtkerns ist seit dem 14./15. Jh. unverändert erhalten geblieben.

GESCHICHTE

Wolgast entstand als eine slawische (wendische) Siedlung am Übergang der alten Ostseeküstenstraße über die Peene. Auch der Name der Stadt, der übersetzt soviel wie »Großer Hain« bedeutet, ist wendischen Ursprungs.

Auf der sogenannten Schloßinsel wurde im 13. Jh. an der Stelle einer ursprünglich slawischen Burg ein herzogliches Schloß errichtet – Zeichen des Einzugs der deutschen Ostexpansion. 1295 machten die Herzöge von Pommern die Stadt zu ihrer Residenz. Unter ihrer Herrschaft entwickelten sich Fernhandel und Schiffahrt, und Wolgast wurde – allerdings nur für kurze Zeit – in den Bund der Hansestädte aufgenommen.

Das Schloß wurde im Laufe der folgenden Jahrhunderte mehrmals neu aufgebaut bzw. umgestaltet und zählte im 16. Jh. zu den berühmtesten Prunkbauten Norddeutschlands. Das Aussterben des Herzoghauses zu Beginn des 17. Jh. und der Dreißigjährige Krieg, der Wolgast für knapp 200 Jahre unter schwedische Herrschaft brachte, führten zum Zerfall des Schlosses sowie der Stadt.

1675 traf eine Kugel der brandenburgischen Truppen die Pulverkammer und zerstörte große Teile der alten Residenz sowie etliche Häuser auf der Hafenseite. In der Folgezeit wurde der Schloßbau kontinuierlich abgetragen, so daß um 1800 nur noch eine Ruine übriggeblieben war, die die Schweden als Steinbruch verkauften.

Ähnlich verheerende Wirkungen hatten die Kriege für die Stadt Wolgast. 1713 wurde sie auf Befehl Zar Peters I. als Vergeltung für die Zerstörung Altonas durch die Schweden bis auf fünf Häuser vollständig eingeäschert. Erst nach der Beendigung des Nordischen Krieges 1720 begann der Wiederaufbau der Stadt.

Seine Stellung als bedeutende Seehandelsstadt konnte Wolgast jedoch nicht zurückgewinnen, denn auf dem jetzt preußischen Usedom wurde der neue Hafen Swinemünde mit Vehemenz ausgebaut und ließ das schwedische Wolgast in der Konkurrenz weit hinter sich.

Fachwerk in Wolgast

Mit dem Aufschwung des Getreidehandels zwischen dem 18. und 19. Jahrhundert meldete sich das Städtchen dank seiner günstigen Lage in die deutsche Geschichte zurück. Rege Segelschiffahrt und die Anfänge des Schiffbaus ließen bescheidenen Wohlstand in Wolgast einziehen. Seit 1815 preußisch, nahm die Hafenstadt zunehmend Anteil an der lebhaften Entwicklung der Handelsschiffahrt auf der Ostsee. Seit 1863 war Wolgast an das deutsche Eisenbahnnetz angeschlossen. In den 80er Jahren des 19. Jh. erfolgte eine rasche Industrialisierung der Stadt. Hauptindustrien waren Dampfmühle, Zementfabrikation, Eisengießerei, Holzverarbeitung und Stickereibetriebe. In diesem Industriezentrum am Peenestrom waren um die Jahrhundertwende über 1500 Arbeiter beschäftigt, die die Stadt zu einem Schwerpunkt der Arbeiterbewegung im ansonsten ländlich geprägten und junkerlich beherrschten Vorpommern machten. Landesweite Bekanntheit erlangte der Streik der Zementarbeiter 1908, der erst durch den Einsatz von Militär aus Greifswald »befriedet« werden konnte. Der hohe Organisationsgrad der Arbeiter brachte der Stadt den Beinamen »rotes Wolgast« ein.

Nach dem 2. Weltkrieg, in dem auch die Wolgaster Industrie auf Rü-

Rathaus

stungsproduktion umgestellt worden war, gewann die Stadt neue Bedeutung durch die veränderten administrativen Bedingungen: Das alte Verwaltungszentrum Swinemünde war nun polnisch und hieß fortan Swinoujscie; Wolgast übernahm die Verwaltungsfunktionen für Usedom und Teile der früheren Kreise Greifswald und Anklam. Daneben gab 1948 der Beschluß, hier eine Werft zu errichten, die bald eine der fünf Großwerften der DDR werden sollte, der Stadt industrielle Zukunftsaussichten. Vor allem durch den VEB Peenewerft wurde die Stadt ein Magnet für Arbeitskräfte aus den umliegenden Dörfern. Zahlreiche Pendler auch von der Insel Usedom bauten in Wolgast hauptsächlich Spezialschiffe und Marineeinheiten für den ehemaligen östlichen Wirtschaftsverbund COMECON. Der neue Käufer, ein Werftbesitzer aus Bremen, hat Mitte Mai 1992 den Erhalt von 850 Arbeitsplätzen zugesagt und den Bau eines Trockendocks angekündigt. In den nächsten Jahren werden hier vor allem kleinere Schiffe gebaut werden, bis 1994 seien die Auftragsbücher gefüllt, so hört man.

STADTRUNDGANG

Wir beginnen unseren Stadtrundgang am Bahnhof Wolgast-Hafen. Vom nicht sehr repräsentativen Bahnhofsgebäude führt eine Gasse am eindrucksvollen **Kornspeicher** vorbei zum Hafen. Der langgezogene Fachwerkbau ist 1836 auf Pfählen errichtet worden und war der Getreidespeicher des Umschlaghafens. Ein kleiner Spaziergang an den Kaianlagen entlang ist wegen des holprigen und teilweise unbefestigten Untergrunds nur für Hafenbegeisterte zu empfehlen. Am kleinen Platz, wo die Busse und Taxis verkehren und die Gaststätte »Am Hafen« zum Besuch einlädt, mündet die Kronwieckstraße, in der wir gleich rechts – das Portal von zwei Bäumchen flankiert – das Geburtshaus von *PHILIPP OTTO RUNGE* finden. Als Sohn des Schiffsreeders Friedrich Karl Runge 1777 geboren, wurde er neben dem bekannteren Caspar David Friedrich einer der bedeutendsten Vertreter der norddeutschen romantischen Schule.

Von der kurzen Brücke aus, die über einen kleinen Seitenarm des Peenestroms auf die **Schloßinsel** führt, können wir in der gegenüberliegenden Hafenstraße einen weiteren, etwas kleineren Speicher betrachten. Rechts von der kleinen Brücke findet inzwischen an jedem 1. und 3. Samstag im Monat ein Markt mit allerlei Nippes, wenig Nützlichem und allerlei Unnützem seinen Platz. Wichtiger für den Besucher ist dagegen das Büro der »Weißen Flotte«, das Karten für Schiffsfahrten verkauft. Hier legen auch die Ausflugsdampfer an.

Geburtshaus Ph. O. Runge

Wir wenden uns wieder Richtung Stadt und gehen die **Burgstraße** hinauf. In dieser Straße, die vom Hafen zur Kirche führt, sind noch einige alte barocke Kaufmannshäuser mit hohen Kornböden erhalten geblieben. Über holpriges Kopfsteinpflaster gelangen wir an teils verfallenen Fachwerkhäusern vorbei zur **St.-Petri-Kirche** mit der Herzogsgruft. Im 14. Jh. errichtet, besitzt der massige Bau noch seine ursprünglichen Außenmauern. Eine wesentliche Veränderung hat nur der stumpfe Turm erfahren, der 1920 durch einen Brand seinen barocken Turmhelm verlor. Die dreischiffige Basilika beinhaltet kunsthistorisch interessante Sehenswürdigkeiten: slawische Bildsteine, das vorreformatorische Wandgemälde »Der Teufelstanz« sowie ein reichverziertes Epitaphium für den Pommernherzog Philipp I. In der Herzogsgruft sind neun aufwendig geschmückte Zinnsärge zu besichtigen. Wer den Kirchturm hinaufsteigt (von 10.30 bis 11 Uhr möglich), wird mit einer begeisternden Aussicht über die gesamte Umgebung belohnt. Um die Kirche stehen am Kirchplatz in schönem Rund eine Anzahl alter Fachwerkhäuser in unterschiedlich gut erhaltenem Zustand.

Links hinter der Kirche biegen wir am Pfarrhaus rechts in die kleine Gasse ein und überqueren die Steinstraße, wo sich geradezu die schmale

Gasse »An der Stadtmauer« öffnet, in der wir auf Überreste der **Stadtbefestigungsanlage** stoßen. Wir biegen rechts ab und gelangen nach wenigen Metern in die Lange Straße. Hier hat ein schmuckes Jugendstilcafé (Café Biedenweg) eröffnet, gegenüber finden wir das etwas bodenständigere Café Central. Geradeaus stoßen wir auf den historischen Rathausplatz. Den Platz bestimmt das 1724 bis 1728 wiederaufgebaute **Rathaus** mit seiner barocken Fassade; seine ebenfalls barocken Flügeltüren gehören zu den schönsten in der Stadt. Vor dem Rathaus steht der 1936 geschaffene Brunnen, der auf zehn Bildtafeln wichtige Etappen der Stadtgeschichte darstellt. An der Ostseite des Rathauses führt eine Treppe hinunter zum Ratsweinkeller. Gegenüber blickt man auf ein schönes Ensemble denkmalgeschützter Häuser. Die »Kaffeemühle« ist eines der ältesten Häuser Wolgasts. Wegen seiner eigenwilligen Dachkonstruktion hat der Volksmund ihm diesen treffenden Namen verliehen, korrekterweise muß man aber das Fehlen des Mahlgriffs obenauf monieren. In der »Kaffeemühle« ist das **Heimatmuseum** Wolgast untergebracht, das unbedingt einen Besuch lohnt.

Anhand der Informationstafeln kann man sich in der ständigen Ausstellung zur Kreisgeschichte einen kurzen historischen Überblick verschaffen. Von der Pracht des alten Renaissanceschlosses vermittelt ein Modell einen anschaulichen Eindruck; auch einige der Kugeln, die 1675 auf das Schloß abgefeuert wurden, werden hier aufbewahrt. Zu besichtigen sind außerdem einige Gemälde von Runge, eine Küche um 1900 und ständige Ausstellungen zur Entwicklung der Schiffahrt, der Seenotrettung und zur regionalen Teppichknüpferei. Das Museum bemüht sich erfolgreich um die Präsentation von Sonderausstellungen.

Gegenüber dem Rathaus steht die **Stadtapotheke**, an der eine Gedenktafel auf einen anderen berühmten Bürger der Stadt verweist. Der Botaniker *THEODOR MARSSON* schrieb in diesem Haus zwischen 1853 und 1868 seine »Flora von Neuvorpommern und den Inseln Rügen und Usedom«.

Wir gehen die direkt hinter dem Rathaus zum Peenestrom verlaufende Kleine Brückenstraße hinunter, die von kleinen Bürgerhäusern gesäumt ist, wenden uns am Wasser nach rechts und gelangen über den **Fischmarkt** zurück zum Hafen, wo wir unseren kurzen Rundgang abschließen.

Für kunsthistorisch Interessierte lohnt sich unterwegs ein Abstecher. Nicht weit von der St.-Petri-Kirche befindet sich auf dem Friedhof in der Chausseestraße die im 15. Jh. errichtete **St.-Gertrud-Kapelle**, eine zwölfseitige Begräbniskapelle mit prächtigem Sterngewölbe im Inneren.

AUSFLÜGE

1. *Zum Tierpark (2 km)*
Der Tierpark liegt im Norden der Stadt Wolgast. Vom Zentrum aus gelangt man über die Wilhelmstraße oder die Breite Straße auf die Greifswalder Straße, von der rechts der Tannenkampweg abzweigt. Nach etwa 1 km erreicht man kurz hinter dem Ortsteil Tannenkamp links den Heimattiergarten, der in einem ausgedehnten Wäldchen liegt. Direkt neben dem Tierpark kann man in der »Waldgaststätte Tannenkamp«, einem Haus mit großer, holzüberdachter Terrasse, einkehren.

2. *Nach Lassan*
Wir fahren die Chausseestraße (B 111) etwa 3 km bis zur nächsten Abbiegung nach links und folgen der malerischen, von zahlreichen Bäumen gesäumten Straße durch kleine Dörfer bis nach **Wehrland**, von wo man einen wunderschönen Blick über das Achterwasser, den Gnitz und den Lieper Winkel genießen kann. Weiter führt die Allee bis zum Ortseingang von **Lassan** (2000 Einw.), wo wir uns links wenden. Über holpriges Kopfsteinpflaster, vorbei an einstöckigen Fischerhäusern, gelangen wir zum kleinen Hafen des Fischerortes. Hier hat man eine gute Aussicht über das Achterwasser auf die Usedomer Binnenküste des Lieper Winkels. Das verschlafene Städtchen war früher das Zentrum für die Fischer des Achterwassers, das auch »Lassansches Wasser« genannt wurde. Ein kleiner Rundgang durch das Städtchen lohnt sich allemal. Umgeben von Bäumen erhebt sich die aus dem 13. Jh. stammende St.-Johannes-Kirche. Ebenfalls empfehlen wir einen Besuch in der Wassermühle Lassan, die ein Mühlen- und ein Heimatmuseum beherbergt. Informationen über Stadtverwaltung Lassan, Am Marktplatz 9, O-2232 Lassan, Tel. 233.

Aus Lassan heraus führt die Straße schnurgerade durch leicht gewelltes Land am Flecken Lentschow (Abstecher: links die Fahrstraße nach Pinnow, wo ganz in der Nähe am Waldsaum der Große See liegt, hier gibt es eine Badestelle) vorbei nach **Murchin**. Am Ortseingang des kleinen Ortes überrascht ein schon von weitem sichtbares riesiges Gebäude: Das **Kreiskulturhaus**, das noch Ende 1991 einen neuen Anstrich erhalten hat. Dieses Denkmal der DDR-Kulturpolitik aus den frühen 50er Jahren verdient Beachtung. Ziel war es damals, zusammen mit der Kollektivierung und Rationalisierung der Landwirtschaft dem bislang vernachlässigten ländlichen Raum Anteil an der kulturellen Entwicklung des gesamten Landes zu verschaffen. Enthusiastisch stellte man damals, keine Kosten scheuend und dem Symbolhaften verschrieben, Kulturkästen ins flache Land, deren Architektur den neuen

Aufbruch gestalterisch ausdrücken sollten. Heute sehen wir das mit der Gestalthaftigkeit vielleicht etwas anders, aber beeindruckend ist doch die Umsetzung der Absicht, etwas für das rückständige Land zu tun.

In Murchin biegen wir links auf die B 110 und fahren durch Wald und flache Sumpfwiesen der **Zecheriner Brücke** entgegen, dem zweiten Zugang zur Insel Usedom. Links und rechts der Eisenträgerbrücke, die wie die Wolgaster Brücke mehrmals täglich für den Schiffsverkehr auf dem Peenestrom geöffnet wird, gehen Angler ihrem beschaulichen Tagewerk nach. Nach der Größe der mitgeführten Eimer zu schließen, können die Fänge hier nicht allzu berauschend sein, aber die Anzahl der fast allzeit hier stehenden Petrijünger mag uns da Lügen strafen. Kurz hinter der Brücke liegt rechts das Restaurant »Peeneidyll« mit wunderschönem Blick aufs Wasser. Ordentlichen Kaffee und Kuchen gibt's hier, was sich besonders an Sonntagen beweist, wenn sich die urlaubenden Kaffeesachsen mit den sonntagsfahrenden Pommern und Mecklenburgern kreuzen. An der Stadt Usedom vorbei geht der Weg zurück zum jeweiligen Ausgangspunkt.

LITERATUR ÜBER USEDOM UND POMMERN:

Arndt, Ernst Moritz: Kater Martinchen. 21 vorpommersche Sagen. Konrad Reich Verlag. Rostock 1991

Bower, Tom: Verschwörung Paperclip. NS-Wissenschaftler im Dienst der Siegermächte. List. München 1988

Burkhardt, Albert: Vineta. Sagen und Märchen vom Ostseestrand. Hinstorff. Rostock 1990

Corbin, Alain: Meereslust. Das Abendland und die Entdeckung der Küste. Wagenbach. Berlin 1990

Dornberger, Walter: Peenemünde. Die Geschichte der V-Waffen. Bechtle. Eßlingen 1981

Eckert, Gerhard: Anekdoten aus Pommern. Husum. Husum 1990

Irving, David: Die Geheimwaffen des Dritten Reichs. Mohn. Gütersloh 1964

Känel, Alfred von: Usedom. Landeskundliche Streifzüge. Hinstorff. Rostock 1980

Klein, D.H. / Rosbach, H.: Pommersches Hausbuch. Husum. Husum 1989

Klemperer, Victor: Curriculum vitae. Jugend um 1900. Bd. 1. Rütten & Loening. Berlin 1989

Kraft, Ruth: Insel ohne Leuchtfeuer. Vision. Berlin 1991

Meinhold, Wilhelm: Die Bernsteinhexe. Bertelsmann. Gütersloh 1947 und Vision. Berlin 1992

Neumann, Siegfried Armin: Volksmärchen aus dem historischen Vorpommern. Müller & Kiepenheuer, Hanau 1983

Richter, Egon / Heim, Angelika: Die Insel Usedom. Konrad Reich Verlag. Rostock 1991

Richter, Egon / Heim, Angelika: Ahlbeck. Innenansichten. Konrad Reich Verlag. Rostock 1991

Richter, Egon: Bansin. Die Geschichte eines Weltbades. Konrad Reich Verlag. Rostock 1990

Richter, Egon / Heim, Angelika: Heringsdorf. Innenansichten. Konrad Reich Verlag. Rostock 1991

Richter, Hans Werner: Deutschland deine Pommern. Konrad Reich Verlag. Rostock 1990

Richter, Hans Werner: Geschichten aus Bansin. Nymphenburger. München 1982

Wille, Hermann Heinz: Die Insel Usedom. VEB Tourist Verlag. Berlin/Leipzig 1986[4]

VERZEICHNIS DER POSTLEITZAHLEN UND VORWAHLNUMMERN

Telefonieren in Deutschland ist eigentlich ganz einfach: Rufen Sie aus den alten Bundesländern an, dann ist die Rubrik »von West« für Sie gültig. Versuchen Sie ihr Glück aus den neuen Bundesländern, dann gilt die Spalte »von Ost«. Aus Berlin wählen Sie bis auf weiteres »037« und die Ostvorwahl ohne die »00«.

Ort	**PLZ**	**von Ost**	**von West**
Ahlbeck	O-2252	00 8268	038 378
Bannemin	O-2221	00 8267	038 377
Bansin	O-2253	00 8268	038 378
Benz	O-2251	00 82697	038 379
Heringsdorf	O-2255	00 8268	038 378
Lassan	O-2232	00 82694	038 374
Kamminke	O-2251	00 82696	038 376
Karlshagen	O-2222	00 82691	038 371
Kölpinsee	O-2224	00 8266	038 375
Korswandt	O-2251	00 8268	038 378
Koserow	O-2225	00 8266	038 375
Krummin	O-2221	00 826	038 36
Neppermin	O-2251	00 82697	038 379
Peenemünde	O-2221	00 82691	038 371
Trassenheide	O-2233	00 82691	038 371
Ückeritz	O-2235	00 8266	038 375
Usedom	O-2250	00 82692	038 372
Warthe	O-2251	00 82692	038 372
Wolgast	O-2220	00 826	038 36
Zempin	O-2237	00 8267	038 377
Zinnowitz	O-2238	00 8267	038 377
Zirchow	O-2251	00 82696	038 376

REGISTER